Kauderwelsch
Band 172

Impressum

Michael Klevenhaus
Schottisch-Gälisch – Wort für Wort
erschienen im
REISE KNOW-HOW Verlag Peter Rump GmbH
Osnabrücker Str. 79, D-33649 Bielefeld
info@reise-know-how.de

© REISE KNOW-HOW Verlag Peter Rump GmbH
5. neu bearbeitete und verbesserte Auflage 2015
Konzeption, Gliederung, Layout und Umschlagklappen
wurden speziell für die Reihe „Kauderwelsch" entwickelt
und sind urheberrechtlich geschützt.
Alle Rechte vorbehalten.

Bearbeitung & Layout	Claudia Schmidt, Josef Overberg
Layout-Konzept	Günter Pawlak, FaktorZwo! Bielefeld
Umschlag	Peter Rump (Titelfoto: Michael Klevenhaus)
Kartographie	Iain Macneish
Fotos	Michael Klevenhaus
Druck & Bindung	Werbedruck GmbH Horst Schreckhase, Spangenberg

ISBN 978-3-8317-6453-2
Printed in Germany

Dieses Buch ist erhältlich in jeder Buchhandlung Deutschlands, Österreichs, der Schweiz und der Benelux-Staaten. Bitte informieren Sie Ihren Buchhändler über folgende Bezugsadressen:

Deutschland	Prolit GmbH, Postfach 9, 35461 Fernwald (Annerod) sowie alle Barsortimente
Schweiz	AVA-buch 2000, Postfach 27, CH-8910 Affoltern
Österreich	Mohr Morawa Buchvertrieb GmbH, Sulzengasse 2, A-1230 Wien
Belgien & Niederlande	Willems Adventure, www.willemsadventure.nl
direkt	Wer im Buchhandel kein Glück hat, bekommt unsere Bücher zuzüglich Porto- und Verpackungskosten auch direkt über unseren Internet-Shop: **www.reise-know-how.de**.

Zu diesem Buch ist ein **AusspracheTrainer** erhältlich, als **MP3-Download** unter **www.reise-know-how.de** oder auf **Audio-CD** in jeder Buchhandlung Deutschlands, Österreichs, der Schweiz und der Benelux-Staaten.
Der Verlag möchte die **Reihe Kauderwelsch** weiter ausbauen und **sucht Autoren!** Mehr Informationen finden Sie unter **www.reise-know-how.de/verlag/mitarbeit**

Kauderwelsch

Michael Klevenhaus
Schottisch-Gälisch
Wort für Wort

**Zu diesem Buch
ist ein AusspracheTrainer
als MP3-Download erhältlich:
www.reise-know-how.de**

**Auch als Audio-CD
im Buchhandel:
ISBN 978-3-8317-6110-4**

**Das gesamte Buch
inkl. AusspracheTrainer gibt es
auch als CD-ROM:
ISBN 978-3-8317-6163-0**

Bu toil leam taing a thoirt do:
Inge Gerbracht, C. Mona Striewe, Dietmar Schütz, Iain MacIlleChiar,
Sim Innes, Crìsdean Dillon (nach maireann), Fionnghal NicPhàdraig, BBC-Radio nan
Gàidheal, an luchd Gàidhlig-B gu h-àiridh do Mhicheal Bauer (Micheal eile) airson
ceartachadh na Gàidhlig agus Klaus Herkenrath – tha fios agad carson.

**REISE KNOW-HOW
im Internet
www.reise-know-how.de
info@reise-know-how.de**

*Aktuelle Reisetipps
und Neuigkeiten,
Ergänzungen nach
Redaktionsschluss,
Büchershop und
Sonderangebote
rund ums Reisen*

Kauderwelsch-Sprachführer sind anders!

Warum? Weil sie Sie in die Lage versetzen, wirklich zu sprechen und die Leute zu verstehen.

Wie wird das gemacht? Abgesehen von dem, was jedes Sprachbuch bietet, nämlich Vokabeln, Beispielsätze usw., zeichnen sich die Bände der Kauderwelsch-Reihe durch folgende Besonderheiten aus:

Die **Grammatik** wird in einfacher Sprache so weit erklärt, dass es möglich wird, ohne viel Paukerei mit dem Sprechen zu beginnen, wenn auch nicht gerade druckreif.

Alle Beispielsätze werden doppelt ins Deutsche übertragen: zum einen **Wort-für-Wort**, zum anderen in „ordentliches" Hochdeutsch. So wird das fremde Sprachsystem sehr gut durchschaubar. Denn in einer fremden Sprache unterscheiden sich z. B. Satzbau und Ausdrucksweise recht stark vom Deutschen. Ohne diese Übersetzungsart ist es so gut wie unmöglich, schnell einzelne Wörter in einem Satz auszutauschen.

Die **Autorinnen** und **Autoren** der Reihe sind Globetrotter, die die Sprache im Land selbst gelernt haben. Sie wissen daher genau, wie und was die Leute auf der Straße sprechen. Deren Ausdrucksweise ist nämlich häufig viel einfacher und direkter als z. B. die Sprache der Literatur oder des Fernsehens.

Besonders wichtig sind im Reiseland **Körpersprache, Gesten, Zeichen** und **Verhaltensregeln,** ohne die auch Sprachkundige kaum mit Menschen in guten Kontakt kommen. In allen Bänden der Kauderwelsch-Reihe wird darum besonders auf diese Art der nonverbalen Kommunikation eingegangen.

Kauderwelsch-Sprachführer sind keine Lehrbücher, aber viel mehr als traditionelle Sprachführer! Wenn Sie ein wenig Zeit investieren und einige Vokabeln lernen, werden Sie mit ihrer Hilfe in kürzester Zeit schon Informationen bekommen und Erfahrungen machen, die „sprachlosen" Reisenden verborgen bleiben.

Inhalt

Inhalt

- 9 Vorwort
- 10 Hinweise zur Benutzung
- 12 Über die Sprache
- 13 *Karte von Schottland*
- 14 Aussprache, Lautschrift & Betonung
- 21 Wörter, die weiterhelfen

Grammatik

- 22 Hauptwörter
- 23 Der, die, das – Dieses & Jenes
- 24 Eigenschaftswörter
- 25 Persönliche Fürwörter
- 26 Das Verb „bi" (sein)
- 29 Die Verlaufsform
- 31 Das Verb „is" (sein)
- 33 Regelmäßige Verben & Zeiten
- 37 Unregelmäßige Verben
- 39 Von Fall zu Fall – die Beugung
- 45 Umstandswörter
- 46 Steigern & Vergleichen
- 47 Verhältniswörter
- 52 Besitzanzeigende Fürwörter
- 53 Haben & Besitzen
- 55 Müssen, Wollen, Können, Dürfen, Sollen
- 57 Fragen mit Fragewörtern
- 60 Bindewörter
- 62 Zahlen & Zählen
- 68 Zeit & Datum

Inhalt

Konversation

- 77 Kurz-Knigge
- 80 Schottisch-gälische Namen & Anrede
- 82 Begrüßen & Verabschieden
- 85 Das erste Gespräch
- 89 Bitten, Danken, Wünschen
- 91 Das Wetter
- 93 Zu Gast sein
- 95 Musik
- 97 Flirt & Liebe
- 100 Unterwegs
- 114 Über Stock & Stein
- 118 Übernachten
- 122 Essen & Trinken
- 134 Einkaufen
- 138 Bank
- 139 Geld & Bezahlen
- 142 Post
- 143 Telefon & Internet
- 147 Fotografieren
- 148 Krank sein
- 154 Rauchen
- 155 Toilette
- 156 Schimpfen & Fluchen

Anhang

- 158 Literaturhinweise
- 162 Wörterliste Deutsch – Gälisch
- 178 Wörterliste Gälisch – Deutsch
- 192 Der Autor

Vorwort

Schottlandtouristen kennen das: Je weiter man in das Hochland vorstößt, umso mehr häufen sich anscheinend unaussprechbare Ortsnamen, plötzlich werden Ortsschilder zweisprachig, und spätestens bei einem Pub-Besuch wird man möglicherweise eines dieser melancholisch schönen Lieder in einer sonderbar fremd klingenden Sprache hören.

Mit diesem Kauderwelschband halten Sie den ersten jemals auf Deutsch erschienenen Sprachführer für Schottisch-Gälisch in der Hand. Schottisch-Gälisch ist keine mythische Druidensprache, die aus den Nebeln der keltischen Anderwelt herüberweht, sondern eine täglich gesprochene, lebendige Sprache mit manchmal handfester und wunderbarer, oft überraschender, poetischer Ausdrucksweise.

Jetzt können Sie auf Endeckungsreise gehen. Erschließen Sie sich die gälische Kultur der äußeren Hebriden, sprechen Sie die Einheimischen in ihrer eigenen Sprache an. Oder lehnen Sie sich zu Hause im Sessel zurück, lauschen Sie gälischer Musik und versuchen einige der Worte zu entdecken und zu verstehen.

Viel Spaß dabei!
Suas leis a' Gàidhlig!

Hinweise zur Benutzung

> **Hören Sie sich Aussprachebeispiele mit Ihrem Smartphone an! Ausgewählte Kapitel in diesem Buch sind dafür mit einem QR-Code ausgestattet. Wer kein Smartphone hat, kann sich die Sätze auch auf unserer Webseite anhören: www.reise-know-how.de/kauderwelsch/172**

Der Kauderwelsch-Band „Schottisch-Gälisch" ist in die Abschnitte „Grammatik", „Konversation" und „Wörterliste" gegliedert:

Die **Grammatik** beschränkt sich auf das Wesentliche und ist so einfach gehalten wie möglich. Deshalb sind auch nicht sämtliche Ausnahmen und Unregelmäßigkeiten der Sprache erklärt.

In der **Konversation** finden Sie Sätze aus dem Alltagsgespräch, die Ihnen einen ersten Eindruck davon vermitteln sollen, wie Schottisch-Gälisch „funktioniert", und die Sie auf das vorbereiten sollen, was Sie später in Schottland hören werden.

Jede Sprache hat ein typisches Satzbaumuster. Um die sich vom Deutschen unterscheidende Wortfolge der gälischen Sätze zu verstehen, ist die **Wort-für-Wort-Übersetzung** in kursiver Schrift gedacht. Wird *ein* gälisches Wort im Deutschen durch *zwei* Wörter übersetzt, werden diese in der Wort-für-Wort-Übersetzung mit einem Bindestrich verbunden. Können *zwei oder mehr* gälische Wörter nur durch *ein* deutsches Wort übersetzt werden, werden die Platzhalter „(-)" eingesetzt.

Mit Hilfe der Wort-für-Wort-Übersetzung können Sie bald eigene Sätze bilden. Sie können die Beispielsätze als Fundus von Satzschablonen und -mustern benutzen, die Sie Ihren eigenen Bedürfnissen anpassen.

Gälisch	Tha mi à Barraigh / Peairt.	ann an cola deug
Lautschrift	ha mi a Barrai / Pearscht	aun an kolla dschiak
Wort für Wort	*ist ich aus Barra / Perth*	*in (-) vier-Tage zehn*
Deutsch	Ich bin aus Barra / Perth.	in vierzehn Tagen

Hinweise zur Benutzung

Da es im Gälischen keine Personenbeugung gibt, sondern immer nur *eine* Form für die jeweilige Zeitstufe steht, gibt es in der Wort-für-Wort-Übersetzung keine gebeugten Verbformen außer für das Verb bi / is (sein), um Verwechslungen mit dem besitzanzeigenden Fürwort „sein" zu vermeiden. Fallgebeugte Wörter werden mit der Fallnummer gekennzeichnet, auch wenn die Beugung am betreffenden Wort (aufgrund der lautlichen Beschaffenheit) nicht erkennbar ist. Das erleichtert das Austauschen durch andere Wörter, die in diesem Fall gebeugt (also leniert und / oder „aufgehellt") werden können / müssen.

Wörter, die in der Lautschrift zusammengeschrieben werden, werden auch wie ein einziges Wort ausgesprochen. Bindestriche haben jedoch keine Bedeutung, sondern sind lediglich aus der gälischen Schreibweise übernommen.

'S mi.	**taigh-seinnse**	**leis a' chàr**
smi	tai-schäinnse	läsch a chaar
ist ich	*Haus-Kneipe*	*mit dem³° Auto³*
Ja, bin ich.	Kneipe	mit dem Auto

Die **Wörterlisten** am Ende des Buches enthalten einen Grundwortschatz von je ca. 750 Wörtern Deutsch – Gälisch und Gälisch – Deutsch.

Die **Umschlagklappe** hilft, die wichtigsten Sätze und Formulierungen stets parat zu haben. Aufgeklappt ist der Umschlag eine wesentliche Erleichterung, da nun die gewünschte Satzkonstruktion mit dem entsprechenden Vokabular aus den einzelnen Kapiteln kombiniert werden kann. Hier finden Sie auch das Kapitel „Nichts verstanden ? – Weiterlernen!" und eine Liste der Abkürzungen.

Seitenzahlen

Auf jeder Seite wird die Seitenzahl auch auf Schottisch-Gälisch (in der Zählweise ohne Hauptwort) angegeben!

a h-aon deug | **11**

Über die Sprache

Über die Sprache

Schottisch-Gälisch ist aus dem Irisch-Gälischen hervorgegangen. Im 5. Jahrhundert begann die Einwanderung der nordirischen Skoten in die heute Gegend *Argyll* (= Earra-Ghaidheal, Küste der Gälen) in Schottland. Das dort gegründete Reich *Dalriada* expandierte rasch und schloss sich bald mit den piktischen Herrschaftsgebieten zusammen. Bis zum 12. Jahrhundert war Gälisch die gemeinsame Sprache Irlands und des Königreiches *Alba* in Schottland. Durch die räumliche Trennung der beiden Sprachgebiete entwickelte sich nach und nach das Schottisch-Gälische. Erste schriftliche Zeugnisse hierfür finden wir im *Book of Deer* und im *Book of the Dean of Lismore,* Sammlungen von handschriftlichen Texten aus dem 17. Jahrhundert. Als im Jahre 1746 nach der Schlacht von *Culloden* die englische Besatzungsmacht alles typisch Schottische unterdrückte, wurde auch das Gälische systematisch unterbunden, Englisch wurde die dominante Sprache der Oberschicht. Noch bis in die 1970er Jahre wurden Schulkinder bestraft, wenn sie in der Schule Gälisch sprachen, und so wundert es nicht, dass die Zahl der Gälischsprecher bis 1971 auf knapp 100.000 gefallen war. Wurde Gälisch bis ins 19. Jahrhundert in den gesamten Highlands verstanden, so erstreckt sich das Verbreitungsgebiet

Hier wird Gälisch gesprochen

Über die Sprache

heute hauptsächlich auf die äußeren Hebriden-Inseln am Westrand Schottlands. Weiterhin wird Gälisch an der Nord- und Westküste Schottlands sowie auf der Insel *Skye*, wo sich auch das gälische College *Sabhal Mòr Ostaig* befindet, vereinzelt gesprochen. Darüber hinaus gibt es eine mehrere tausend Sprecher große Gälischgemeinde im Westen von Glasgow, wo sich auch der *Gaelic Book Council* befindet. In Glasgow wurde vor einigen Jahren auch die erste rein gälischsprachige Grundschule eröffnet, gälische Unterrichtszweige gibt es mittlerweile in vielen Grundschulen im Lande. Laut Zensus aus dem Jahre 2001 ist die Zahl der Sprecher auf mittlerweile 60.000 gefallen. Die Interessengruppen kämpfen seit Jahren um eine gesetzliche Anerkennung des Gälischen und die Finanzierung eines gälischen Fernsehkanals. *Radio nan Gàidheal* ist der Radiokanal der BBC, der die gälischsprachige Gemeinschaft zusammenhält.

Die 60.000 Gälischsprecher machen ca. 1,5 % der Bevölkerung Schottlands aus. Schottland bildet heute zusammen mit England, Wales und Nordirland das Vereinigte Königreich. Seit 1997 besitzen die Schotten wieder ein eigenes Parlament und eine eigene Landesregierung, die für innenpolitische Belange zuständig ist.

2003 wurde *Bòrd na Gàidhlig* ins Leben gerufen, eine Behörde, die die Bemühungen zum Erhalt der Sprache stärken soll. Weiterhin warten die Gälen aber auf den geforderten politisch „sicheren Status" ihrer Sprache. Hierbei gilt es allerdings, politischen Widerstand im Lande zu überwinden. Schon das Aufstellen von zweisprachigen Ortsschildern kann zu erbitterten Auseinandersetzungen darüber führen, ob der Aufwand zur Erhaltung des Gälischen nicht ein zu teurer Anachronismus ist.

Schottisch-Gälisch ist eine nach wie vor lebendige Sprache, die ständig neue Wörter bildet. So zum Beispiel eadar-lìon *(„Internetz") für „Internet" und* post-dealain *(„Strom-" oder „Blitzpost") für „E-Mail". Diese werden aber oft von Muttersprachlern nicht verstanden. Englische Begriffe und die wortwörtliche Übersetzung ganzer englischer idiomatischer Ausdrücke ins Gälische greifen massiv in die Struktur der Sprache ein und verdrängen oft die ursprünglichen Begriffe. Dies missfällt vielen Muttersprachlern, ohne dass sich viel dagegen machen lässt.*

a trì deug | **13**

Aussprache, Lautschrift & Betonung

Aussprache, Lautschrift & Betonung

Schottisch-Gälisch benutzt lediglich 18 Buchstaben des lateinischen Alphabets, ist jedoch in der Lage, damit über 90 Laute darzustellen. Um die exakte Zahl streiten sich die Gelehrten, auf jeden Fall ist keine europäische Sprache in der Lage, kreativer mit Buchstaben umzugehen. Ein schottischer Gelehrter hat es einmal so ausgedrückt: Die Buchstaben des Gälischen führten einen permanenten Krieg gegeneinander, aber sie kämpften nach festen Regeln. Also nicht verzagen, die wichtigsten Ausspracheregeln werden hier kurz erklärt, und um alle zu lernen, braucht es ein paar Jahre und geduldige Gälen, die bereit sind, Ihre Versuche geduldig zu ertragen und zu korrigieren.

Das gälische Alphabet besteht nur aus den folgenden 18 Buchstaben: a, b, c, d, e, f, g, h, i, l, m, n, o, p, r, s, t, u.

Selbstlaute

Die Selbstlaute (Vokale) können lang oder kurz ausgesprochen werden. Lang bedeutet wirklich sehr lang (mindestens doppelt so lang wie im Deutschen), und je nachdem, ob ein Wort lang oder kurz gesprochen wird, hat es eine andere Bedeutung.

Lange Selbstlaute werden im Schottisch-Gälischen durch einen Akzent markiert (à, è, ì, ò, ù). In der Lautschrift werden sie doppelt geschrieben: aa, ee, ii, oo, uu.

a	a	kurz wie in „**A**pfel"	ad att Hut
à	aa	lang wie in „**A**benteuer"	bàta baata (Boot)
e	e	kurz / offen wie in „B**e**tt"	esan essan (er)
è	ee	lang wie in „B**ee**t"	dè dschee (was?)
i	i	kurz wie „K**i**nd"	iteag itschak (Feder)
ì	ii	lang wie „ie" in „n**ie**"	mìle miile (tausend)
o	o	kurz / offen wie in „L**o**ch"	doras dorass (Tür)
ò	oo	lang wie ein „B**oo**t"	mòr moor (groß)
u	u	kurz wie in „B**u**s"	dubh du (schwarz)
ù	uu	lang wie in „T**u**be"	ùr uur (neu, frisch)

Aussprache, Lautschrift & Betonung

Zwie- & Dreilaute (Diphthonge & Triphthong)

ae	ä	„ä" wie in „f**ä**llen"	bean bän (Frau)
ao	üo	zwischen „ü" u. „o"	saor ssüor (billig, frei)
aoi	üo	zwischen „ü" u. „o"	smaoinich smüonich (denke)

Den Laut ao bildet man, indem man versucht, ein „ö" zu sprechen und dabei beginnt zu lächeln. Das sieht dämlich aus, funktioniert aber.

Mitlaute

Die Mitlaute (Konsonanten) werden in ihrer Aussprache davon beeinflusst, ob sie von hellen (e, i) oder dunklen Selbstlauten (a, o, u) umgeben sind. Das h kennzeichnet fast immer Lenierung und kommt außer in einigen Lehnwörtern nicht alleine vor.

	in heller Umgebung (e, i)	in dunkler Umgebung (a, o, u)
b	„b" wie in „**I**b**i**s" beinn bäin (Berg)	„p" wie „Pa**p**ier" Alba Allepa (Schottland)
d	„dsch" wie in „**Dsch**ungel" dearg dschärrak (rot)	„t" wie in „**T**on" trì trii (drei)
f	„f" wie in „**F**eder" fear fär (Mann)	„f" wie in „**F**utter" fuar fuar (kalt)
g	„g" wie in „**Ig**el" gille gilje (Junge)	„k" wie in „A**k**ademie" agam akam (bei mir)
l	„l" wie in „Bie**l**efeld" Ìle iile (Islay)	„l" wie in „**L**ust" luath lua (schnell)
ll	etwa wie „li" Famil**ie**" coille koilje (Wald)	wie „ll" in „U**ll**a" seall schaull (schau!)
m	„m" wie in „i**m**pfen" mìle miile (tausend)	„m" wie in „**M**utter" muile mule (Mull)
n	bleibt „n" wie in „**n**ein" nàdar naater (Natur)	bleibt „n" wie in „**n**ein" nàdar naater (Natur)
nn	langes „ien" in „D**ien**stag" sinn schiin (wir)	wie „aun" in „S**au**na" annta aunta (in ihnen)
p	„p" wie in „**P**eter" pian pian (Schmerzen)	„p" wie in „Pa**p**ier" pathadh pa'agh (Durst)

Aussprache, Lautschrift & Betonung

	in heller Umgebung (e, i)	in dunkler Umgebung (a, o, u)
r	fast wie engl. „th" in „**th**is" a' fuireach a futhach (wohnen)	gerolltes „r" wie im Bairischen aran aran (Brot)
rr	sehr stark gerolltes „r" nàdurrach naaterrach (natürlich)	
s	wie „sch" in „**Sch**ule" seòladh schoolagh (Adresse)	wie „ss" in „Ku**ss**" Sasainn ssassain (England)
t	wie „tsch" in „kla**tsch**en" teine tschänne (Feuer)	wie „t" in „**T**al" tuath tua (Norden)

Vorbehauchung (Präaspiration)

Die Selbstlaute p, t und c ändern im Wortinneren und am Wortende ihre Aussprache. Vor dem Mitlaut wird ein Hauchlaut hinzugefügt, der im Deutschen ungefähr dem Laut „ch" entspricht. Auch hier hängt die Aussprache von einer „hellen" oder „dunklen" Umgebung ab. Ansonsten bleibt die Aussprache von p, t und c unabhängig davon auch noch erhalten.

	in heller Umgebung (e, i)	in dunkler Umgebung (a, o, u)
p	wie „ch + p" in „i**ch p**asse" snèip sneechp (Rübe)	wie „ch + p" in „Wa**chp**osten" cupa kuchpa (Tasse)
t	wie „chtsch" in „Li**chtsch**immer" litir lichtschith (Brief)	wie „cht" in A**cht**ung cat kacht (Katze)
c	wie „chk" in „Mön**chk**utte" tric trichk (oft)	wie „chk" in „a**ch K**arl" aca achka (bei ihnen)

Mitlautkombinationen

chd	chk	wie „chk" in „a**ch K**arl"	seachdain scheachkin (Woche)
rt	rscht	wie „rscht" in „Wur**scht**"	ort orscht (auf dir)
cn	kr	wie „kr" in „**Kr**ach"	cnoc krochk (Hügel)
gn	gr	wie „gr" in „**gr**au"	gnogadh grokagh (klopfen)
t-sn	tr	wie „tr" in „**tr**eten"	anns an t-sneachd auns an treachk (im Schnee)

Aussprache, Lautschrift & Betonung

Anlautveränderung / Lenierung

Schottisch-Gälisch ist in der Lage, auch den Wortanfang zu verändern, indem Anfangsbuchstaben (nur bei Mitlauten) ein h nachgestellt wird. Sobald diese Kombination irgendwo auftaucht, spricht man von Lenierung: Die Aussprache verändert sich, sie wird weicher. Folgende Mitlaute können leniert werden: b, c, d, f, g, m, p, s, t. Das Ergebnis ist dann: bh, ch, dh, fh, gh, mh, ph, sh, th. Diese lenierten Mitlaute kommen nicht nur an Wortanfängen, sondern auch im Wortinneren und am Wortende vor. Je nach ihrer Position im Wort werden sie anders ausgesprochen. Außerdem hängt die Aussprache mancher lenierter Mitlaute auch hier wieder davon ab, ob diese lenierten Mitlaute von hellen oder dunklen Selbstlauten umgeben sind. Am Wortanfang werden die lenierten Mitlaute wie folgt ausgesprochen:

Der Buchstabe h kann nie alleine vorkommen, er zeigt immer eine Lenierung an! Im Deutschen haben wir einen der Lenierung vergleichbaren Vorgang, denken nur nicht darüber nach. So wird c + h anders ausgesprochen als c, und außerdem unterschiedlich nach dunklem („Nacht") oder hellem Selbstlaut („nicht"). Das gleiche galt für p + h in den Zeiten der „Photographie".

	in heller oder dunkler Umgebung	
bh	„w" wie in „**W**elle"	a' bhean a wän (die Frau)
fh	bis auf wenige Ausnahmen gar nicht gesprochen	an fheusag an iassak (der Bart)
mh	„w" wie in „**W**elle"	mo mhac mo wachk (mein Sohn)
ph	„f" wie in „**F**oto"	do pheann do fjaun (dein Stift)
sh	„h" wie in „**H**emd"	sheinn mi häinn mi (ich sang)
th	„h" wie in „**H**emd"	tha ha (ist)
	Einzige Ausnahme: thu wird immer wie „u" ausgesprochen!	thu u (du)
	in heller Umgebung (e, i)	**in dunkler Umgebung** (a, o, u)
ch	„ch" wie in „Ni**ch**te"	„ch" wie in „Na**ch**t"
	mo cheile mo cheele (mein Partner)	mo chàr mo chaar (mein Auto)
dh	„j" wie in „**J**ippie!"	geriebenes „g" wie in (dialektal) „Wa**g**en": a dhà a ghaa (zwei)
	dhi jii (von ihr)	
gh	„j" wie in „**J**eder"	geriebener „g"-Laut wie bei dh:
	mo ghille mo jilje (mein Junge)	ghabh mi ghaaw mi (ich nahm)

Aussprache, Lautschrift & Betonung

In der Grammatik wird auf die Lenierung jeweils hingewiesen. Wörter, die Lenierung auslösen, werden mit einem ° gekennzeichnet. Sollten Sie sich bei der Anlautveränderung unsicher sein, lassen Sie sie weg. Sie werden im Zweifel auch so verstanden.

Die Laute der Kombinationen dh und gh in dunkler Selbstlaut-Umgebung (a, o, u) sind für Deutsche schwierig auszusprechen, da sie in unserer Sprache nicht vorkommen. Hier eine kleine Hilfe, wie man den Laut bilden kann: Sagen Sie laut „Gaaaaaa". Sprechen Sie zwischen dem „g" und dem „a" ein „h". Hierdurch wird das „g" weicher. Lassen Sie nun das „a" weg. In der Lautschrift wird die Kombination dh bzw. gh in dunkler Umgebung als gh wiedergegeben.

Wann muss ich lenieren?

Durchgängig gültige Regeln nach dem Motto „immer wenn ..., dann ..." gibt es dafür leider nicht. Allerdings kann man sich folgende Hinweise merken:

Weibliche Hauptwörter lenieren das folgende zugehörige Eigenschaftswort im Nominativ (1. Fall) und Dativ (3. Fall).

Männliche Hauptwörter lenieren das folgende zugehörige Eigenschaftswort im Genitiv (2. Fall) und Dativ (3. Fall).

Der bestimmte Artikel leniert das männliche Hauptwort im 2. und 3. Fall, das weibliche Hauptwort 1. und 3. Fall.

Vorangestellte Eigenschaftswörter lenieren das nachfolgende dazugehörige Hauptwort.

Die Zahlen aon- (1) und dà- (2) lenieren das folgende Wort (s. a. „Zahlen").

Einige Vorsilben lenieren das folgende Haupt- oder Eigenschaftswort:

fior°	fiir	wirklich
fior° mhath	fiir wa	wirklich gut
glè°	glee	sehr
glè° shnog	glee nok	sehr schön
ath°	a	nächste (-r, -s)
an ath°-thuras	an a-hurass	nächstes Mal

Das Verb in der einfachen Vergangenheit leniert seinen ersten Buchstaben (hier: chaidil).

Chaidil mi ann an Glaschu.
chadschil mi aun an Glassechu
schlief ich in (-) Glasgow
Ich schlief in Glasgow.

Aussprache, Lautschrift & Betonung

Vokalharmonie – hell zu hell & dunkel zu dunkel

Im Schottisch-Gälischen gibt es, wie bereits beschrieben, helle und dunkle Mitlaute, das heißt, dass ihnen entweder helle bzw. dunkle Selbstlaute voranstehen bzw. folgen. Da ein Mitlaut nicht hell und dunkel zugleich sein kann, wird er entweder nur von hellen oder nur von dunklen Selbstlauten umgeben. Im Gälischen heißt diese Rechtschreibregel caol ri caol is leathann ri leathann (schmal zu schmal und breit zu breit), also „hell zu hell und dunkel zu dunkel". Bis auf wenige Ausnahmen gilt diese Vokalharmonie grundsätzlich. Zwei Beispiele:

| cupa | das u und das a sind beide dunkel |
| sùilean | das l ist von hellen Selbstlauten umgeben |

Das sieht dann bei Lehnwörtern ganz lustig aus und hilft außerdem, das Lautsystem zu verstehen.

| seòclaid | schochklitsch | Schokolade |
| manaidsear | manädscher | Manager |

Verstanden? – Bhundairbeàr! (Wunderbar!)

helle & dunkle Silben

Sehr oft werden hier Sie die Begriffe „helle / dunkle Silbe" bzw. „helle / dunkle Endung" lesen. Wenn der letzte Selbstlaut der letzten Silbe hell ist, spricht man von einer hell endenden Silbe:

| ceithir | kehi[th] | vier |

Wenn der letzte Selbstlaut der letzten Silbe dunkel ist, spricht man von einer dunkel endenden Silbe:

| beul | bial | Mund |

Kauderwelsch-AusspracheTrainer
*Falls Sie sich die wichtigsten schottisch-gälischen Sätze, die in diesem Buch vorkommen, einmal von einem Einheimischen gesprochen anhören möchten, kann Ihnen Ihre Buchhandlung den **AusspracheTrainer** (**Audio-CD**) zu diesem Buch besorgen. Sie bekommen ihn auch über unseren Internetshop www.reise-know-how.de Dort steht der **AusspracheTrainer** auch als **MP3-Download** zur Verfügung. Alle Sätze, die Sie auf dem **AusspracheTrainer** hören können, sind in diesem Buch mit einem 🎧 gekennzeichnet.*

Aussprache, Lautschrift & Betonung

Apostroph

Der Apostroph zeigt an, dass ein Buchstabe ausgelassen wurde oder entfällt. Das sieht man z. B. beim weiblichen Artikel a' (die), der eine Kürzung von an darstellt. Häufig wird auch das Bindewort agus ages (und) in einer Aufzählung zu 's gekürzt. Auch die Vorsilbe ag wird bei Tätigkeitshauptwörtern zu a' gekürzt, wenn diese mit einem Mitlaut beginnen.

Rechtschreibreform

Seit Anfang der 1980er-Jahre gilt im Schottisch-Gälischen eine neue Rechtschreibung, die mit ähnlichen Problemen kämpft wie die deutsche. Das heißt, bis auf Schulen und Hochschulen halten sich nicht alle daran, manche nur manchmal, und einige immer oder grundsätzlich überhaupt nicht. Dieser Kauderwelschband richtet sich im Großen und Ganzen nach der neuen Rechtschreibung.

Betonung

Schottisch-gälische Wörter werden immer auf der ersten Silbe betont. Auf die wenigen Ausnahmen in diesem Band wird besonders hingewiesen. Und jetzt kann's losgehen!

Ceud mìle fàilte don Ghàidhlig!
kiat miile faaltsche don Ghaalik
hundert tausend Gruß zu-dem° Gälisch³
Herzlich Willkommen beim Gälischen!

# Wörter, die weiterhelfen

Wörter, die weiterhelfen

Mit den folgenden Floskeln kommen Sie auf die Schnelle erst mal zurecht, ohne sich mit der Grammatik beschäftigen zu müssen. Die Hauptwörter können Sie nach Bedarf durch andere austauschen.

● Wo ist / sind … ?
Càite a bheil an taigh-beag?
kaatsch a wäil na tai-bäk
wo (-) ist das Haus-klein
Wo ist die Toilette?

● Ich suche …
Tha mi a' lorg seòmar.
ha mi a lorrek schoomer
ist ich bei Suchen Zimmer
Ich suche ein Zimmer.

● Ich brauche …
Feumaidh mi ticead.
feemi mi tichket
benötigen ich Fahrschein
Ich brauche ein Ticket.

● Gibt es … ?
A bheil taigh-òsda ann?
a wäil tai-oosta aun
FP ist Haus-Gast in
Gibt es ein Hotel?

● Nein.
Chan eil.
chan jäil
nicht° ist
Nein.

● Ja.
Tha.
ha
ist
Ja.

● Haben Sie …?
A bheil bainne agaibh?
a wäil bannje akiw
FP ist Milch bei-euch
Haben Sie Milch?

● Wie viel kostet … ?
Dè tha pinnt a' cosg?
dschee ha piintsch a kosk
was ist Pint bei Kosten
Was kostet ein Pint Bier?

● Das kostet …
Tha sin a' cosg … not / Eòro.
ha schinn a kosk … nocht / Eooro
ist jenes bei Kosten … Pfund / Euro
Das kostet … Pfund / Euro.

● Bitte! *(Bitte um)*
Mas e do thoil e!
mas ä do holl ä
wenn-ist es dein° Wille es
Bitte! *(Du-Form)*

Mas e ur toil e!
mas ä ur toll ä
wenn-ist es euer Wille es
Bitte! *(Sie-Form)*

● Danke!
Tapadh leat / leibh.
tachpa lät / läiw
dank mit-du / mit-ihr
Danke dir / Ihnen.

● Bitte! *(Angebot)*
'S e do bheatha!
schä do wäha
ist Er(Gott) dein° Leben
Bitte! *(Du-Form)*

'S e ur beatha!
schä ur bäha
ist Er(Gott) euer Leben
Bitte! *(Sie-Form)*

● Entschuldigung!
Gabh / gabhaibh mo leisgeul!
gaw / gawiw mo läschkel
nimm/nehmt meine° Entschuldigung
Entschuldige (-n Sie)!

a h-aon air fhichead

Hauptwörter

Hauptwörter

In den Wörterlisten werden männliche Hauptwörter durch „(m)" und weibliche durch „(w)" gekennzeichnet.

Hauptwörter (Substantive) können männlich oder weiblich sein. Sächliche Hauptwörter gibt es nicht. Männliche Hauptwörter enden in der letzten Silbe auf dunkle Silben (a, o, u), weibliche Hauptwörter enden auf helle Silben (e, i). Dies trifft auf ca 80 % der gälischen Hauptwörter zu. Es gibt folgende Ausnahmen:

Das biologische Geschlecht bestimmt oft das grammatische, so ist z. B. athair (Vater) und bràthair (Bruder) männlich, und bean (Frau) weiblich.

Die Verkleinerungsformen -ag / -achd sind immer weiblich, obwohl sie dunkel enden. Dann bleibt der Rest der Unregelmäßigen, den man lernen muss.

Mehrzahl

Die Mehrzahl aller Hauptwörter bildet man wie folgt: Ist der letzte Selbstlaut in der letzten Silbe ein dunkler Selbstlaut, wird die Endung -an angehängt.

eilean	ällan	Insel
eileanan	ällanen	Inseln

Ist der letzte Selbstlaut in der letzten Silbe ein heller Selbstlaut, wird die Endung -ean angehängt. An der Aussprache ändert sich dadurch jedoch nichts.

taigh	tai	Haus
taighean	tähen	Häuser

Diese Regel trifft auf ca 80 % aller Hauptwörter zu.

Viele Hauptwörter, die auf -an oder -ach enden, hellen die letzte Silbe auf, um die Mehrzahl zu bilden. Es wird also ein -i- nach dem letzten (dunklen) Selbstlaut der letzten Silbe eingefügt.

Der, die, das – Dieses & Jenes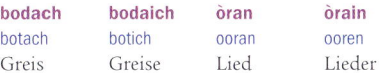

bodach	**bodaich**	**òran**	**òrain**
botach	botich	ooran	ooren
Greis	Greise	Lied	Lieder

Viele einsilbige Hauptwörter tauschen ihre Selbstlaute vollständig aus, um die Mehrzahl zu bilden.

bòrd	**bùird**	**ceann**	**cinn**
boorschd	buurschd	keaun	kiin
Tisch	Tische	Kopf	Köpfe

Hauptwörter (und ebenso Eigenschaftswörter) können im Schottisch-Gälischen gebeugt werden (mehr dazu im Abschnitt „Beugung der Hauptwörter").

Der, die, das – Dieses & Jenes

Im Schottisch-Gälischen gibt es nur den bestimmten Artikel an. Er entspricht dem deutschen „der", „die" oder „das". Einen unbestimmten Artikel („ein, eine") gibt es nicht.

der, die, das

taigh	tai	Haus, ein Haus (unbestimmt)
an taigh	an tai	das Haus (bestimmt)

Je nach grammatischem Geschlecht und Fall des Wortes und dessen Anfangsbuchstaben verändert sich allerdings auch die Form des Artikels. Weibliche Hauptwörter werden durch den Artikel leniert.

Die hinweisenden Fürwörter (Demonstrativpronomen) seo scho (diese, -r, -s) und sin schinn (jene, -r, -s) stehen nach dem Hauptwort. Sie lauten für männliche und weibliche Hauptwörter gleich. Das Hauptwort steht mit dem Artikel. Etwas, das weiter weg ist, wird mit ud ut (jene, -r, -s dort) bezeichnet.

dieses & jenes

am fear seo	**a' bhean sin**	**am balach ud**
am fär scho	a wän schinn	am ballach ut
der Mann dieser	*die Frau jene*	*der Junge jener-dort*
dieser Mann	diese Frau	jener Junge dort

a trí air fhichead 23

Eigenschaftswörter

Die Eigenschaftswörter (Adjektive) werden dem Hauptwort, auf das sie sich beziehen, meistens nachgestellt. Bei weiblichen Hauptwörtern werden die zugehörigen Eigenschaftswörter – wenn möglich – leniert.

Das Eigenschaftswort macht alle Fallbeugungen des Hauptwortes mit (siehe Kap. „Von Fall zu Fall – Die Beugung").

am balach beag
am ballach bäk
der Junge klein
der kleine Junge

an nighean bheag
an ni'en wäk
das Mädchen° klein
das kleine Mädchen

Es gibt einige Eigenschaftswörter, die dem Hauptwort vorangestellt werden und dieses dann auch noch lenieren. In diesem Fall lassen sie sich nicht steigern, und sie bilden auch keine Mehrzahlform. Hier diejenigen, die man sich merken sollte:

seann°	schaun	alt
droch°	droch	schlecht
deagh°	dschoo	schön
fìor°	fiir	wirklich

Le deagh dhùrachd!
lä dschoo ghuurachk
mit schön° Gruß
Mit freundlichem Gruß!
(in Brief oder Postkarte)

Tha an seann taigh brèagha.
ha an schaun tai bri'a
ist das alt° Haus schön
Das alte Haus ist schön.

'S e droch naidheachd a th' ann.
schä droch nai'achk a haun
ist es schlecht° Nachricht welche ist in
Das ist eine schlechte Nachricht.

Tha sin fìor mhath!
ha schin fiir wa
ist jenes wirklich° gut
Das ist wirklich gut!

Persönliche Fürwörter

Im Schottisch-Gälischen gibt es neben den einfachen persönlichen Fürwörtern auch betonte (verstärkte) Formen. Das unpersönliche „es" wird jeweils durch e für männliche Hauptwörter und i für weibliche Hauptwörter ausgedrückt. „*Es* ist schön." (gemeint ist das Wetter) wird im Gälischen z. B. zu „*Sie* ist schön.", da das Wetter weiblich ist.

	einfach		betont	
ich	**mi**	mi	**mise**	mische
du	**thu**	u	**thusa**	ussa
er	**e**	ä	**esan**	ässan
sie	**i**	i	**ise**	ische
wir	**sinn**	schiin	**sinne**	schiinje
ihr	**sibh**	schiiw	**sibhse**	schiiwsche
sie *(Mz)*	**iad**	iat	**iadsan**	iadsen

Die betonten Formen werden z. B. benutzt, um einen Kontrast auszudrücken.

Tha mise trang ach tha thusa leisg.
ha mische trang ach ha ussa läschk
ist ich fleißig aber ist du faul
Ich bin fleißig, aber du bist faul.

Thu u und thusa ussa werden zu tu tu und tusa tussa, wenn das vorangegangene Verb auf -s endet. Die betonten Formen der persönlichen Fürwörter werden zudem oft mit dem Verb is verwendet.

Is tusa Anndra.   **Ciamar a tha sibh?**
is tussa Aundra   kimmer a ha schiiw
ist du Andreas   *wie das ist ihr*
Du bist Andreas.   Wie geht es Ihnen (euch)?

Im Schottisch-Gälischen wird zwischen „du" und „Sie" unterschieden, nur mit dem Unterschied, dass in Schottland nicht „gesiezt", sondern „geeucht" wird.

Das Verb „bi" (sein)

Im Gälischen gibt es zwei Verben, die dem deutschen Verb „sein" entsprechen: bi bi und is is. Bi benutzt man bei Beschreibungen und Empfindungen, und is, wenn man eine Identifizierung vornehmen will (vgl. Kap. „Das Verb „is" (sein)"). Bi wird als auch Hilfsverb benutzt, um zusammen mit dem Tätigkeitshauptwort die Verlaufsform zu bilden.

Aussageformen von *bi* (sein)

Ebenso wie alle anderen Verben hat bi bi für jede Zeit eine eigene Form, die aber nicht nach der handelnden Person gebeugt wird. Das macht die Sache relativ einfach. Die Satzstellung ist „Verb – Subjekt – Objekt" (Tätigkeitswort – persönliches Fürwort – Satzergänzung). Das persönliche Fürwort ist der Zeitform des Verbs immer nachgestellt.

Gegenwart

Die Gegenwartsform von bi bi *lautet* tha ha.

tha mi	ha mi	*ist ich*	ich bin
tha thu	ha u	*ist du*	du bist
tha e	ha ä	*ist er*	er ist
tha i	ha ii	*ist sie*	sie ist
tha sinn	ha schiin	*ist wir*	wir sind
tha sibh	ha schiiw	*ist ihr*	ihr seid
tha iad	ha iad	*ist sie*	sie sind

Vergangenheit

Die Vergangenheitsform von bi bi *lautet* bha wa.

bha mi	wa mi	*war ich*	ich war
bha thu	wa u	*war du*	du warst
bha e	wa ä	*war er*	er war
bha i	wa ii	*war sie*	sie war
bha sinn	wa schiin	*war wir*	wir waren
bha sibh	wa schiiw	*war ihr*	ihr wart
bha iad	wa iad	*war sie*	sie waren

Das Verb „bi" (sein)

Zukunft

bidh mi	bii mi	*sein-werden ich*	ich werde sein
bidh thu	bii u	*sein-werden du*	du wirst sein
bidh e	bii ä	*sein-werden er*	er wird sein
bidh i	bii ii	*sein-werden sie*	sie wird sein
bidh sinn	bii schiin	*sein-werden wir*	wir werden sein
bidh sibh	bii schiiw	*sein-werden ihr*	ihr werdet sein
bidh iad	bii iad	*sein-werden sie*	sie werden sein

Die Zukunftsform von bi bi lautet bidh bii.

Mit der Zukunftsform werden nicht nur in der Zukunft stattfindende einmalige Handlungen beschrieben, sondern auch solche, die in der Gegenwart und in der Zukunft immer wieder ablaufen.

Tha mi sgìth.
ha mi skii
ist ich müde
Ich bin müde.
(gerade jetzt)

Bidh mi sgìth.
bii mi skii
sein-werden ich müde
Ich werde müde sein. /
Ich bin ständig müde.

Tha Sèoras aig an taigh.
ha Schooras äk an tai
ist Georg bei dem³° Haus³
Georg ist zu Hause.

Bha Màiri ann an Glaschu.
wa Maaᵗʰi aun an Glassechu
war Maria in (-) Glasgow
Maria war in Glasgow.

Bidh mi anns an Eilean Sgitheanach gach bliadhna.
bii mi auns an Ällan Ski'anach gach bliana
sein-werden ich in der³° Insel³ Skye³ jedes Jahr
Ich bin jedes Jahr auf Skye.
(wiederholt in Gegenwart und Zukunft)

abhängige Formen von *bi* (sein)

Um mit dem Verb bi Fragen zu stellen und diese zu bejahen und zu verneinen, benötigt man die so genannte „abhängige Form" des Verbs. Diese heißt so, weil sie von irgendetwas abhängig ist, z. B. einem

a seachd air fhichead

Das Verb „bi" (sein)

Die Abkürzung „FP" in der Wort-für-Wort-Übersetzung bedeutet „Fragepartikel". A, an und am haben keine eigene Wortbedeutung, sondern nur die Funktion, eine Frage einzuleiten.

Fragewort, einer Verneinung oder einem Verhältniswort. Darüber hinaus sind sowohl die abhängige Form als auch die Aussageform nötig, um im Gälischen Ja und Nein sagen zu können, da es diese Wörter so nicht gibt.

Die abhängigen Formen von bi lauten:

	Aussageform	abhängige Form
Gegenwart	**tha** ha	**bheil / eil** wäil / äil
Vergangenheit	**bha** wa	**robh** ro
Zukunft	**bidh** bii	**bi / bhi** bi / wi

Die folgende Übersicht zeigt Beispiele für die Verwendung der abhängigen Formen:

Gegenwart	Vergangenheit	Zukunft
gu bheil *dass ist*	**gun robh** *dass war*	**gum bi** *dass sein-werden*
gu wäil	gun ro	gum bi
nach eil *dass-nicht ist*	**nach robh** *dass-nicht war*	**nach bi** *dass-nicht sein-werden*
nach äil	nach ro	nach bi
a bheil *FP ist*	**an robh** *FP war*	**am bi** *FP sein-werden*
a wäil	an ro	am bi
chan eil *nicht° ist*	**cha robh** *nicht° war*	**cha bhi** *nicht° sein-werden*
chan jäil	cha ro	cha wi

ja & nein mit *bi* (sein)

Das Schottisch-Gälische hat generell kein Wort für Ja und Nein. Will man eine mit bi (sein) gestellte Frage bejahen, so antwortet man mit der Aussageform des Verbs. Will man sie hingegen verneinen, benutzt man die Verneinungspartikel cha cha (nicht) und die abhängige Form des Verbs (s. o.). Dabei wird die abhängige Form leniert, wenn möglich (Ausnahme: keine Lenition bei d und t) (vgl. Übersichtstabelle zur Lenition).

A bheil thu sgìth?	**Tha.**	**Chan eil.**
a wäil u skii	ha	chan jäil
FP ist du müde	*ist*	*nicht° ist*
Bist du müde?	Ja.	Nein.
An robh e math?	**Bha.**	**Cha robh.**
an ro ä ma	wa	cha ro
FP war er/es gut	*war*	*nicht° war*
War er / es gut?	Ja.	Nein.
Am bi thu ann?	**Bidh.**	**Cha bhi.**
am bi u aun	bii	cha wi
FP sein-werden du in	*sein-werden*	*nicht° sein-werden*
Wirst du da sein?	Ja.	Nein.

Die Verlaufsform

Mit der Verlaufsform drückt man Handlungen aus, die gerade stattfinden und länger andauern, und zwar in der Gegenwart, Vergangenheit oder Zukunft. Sie entsprechen den englischen Formen mit „-ing" („I am doing" usw.). – Übrigens: Die Gegenwart kann im Schottisch-Gälischen nur durch die Verlaufsform ausgedrückt werden. Es gibt keine Form für die einfache Gegenwart (z. B. „ich arbeite").

Um im Gälischen die Verlaufsform zu bilden, benötigt man das so genannte Tätigkeitshauptwort (Verbalnomen), das zusammen mit den Zeitformen des Hilfsverbs bi (sein) und dem Verhältniswort aig (bei) den Verlauf einer Tätigkeit ausdrückt. Das Verhältniswort aig (bei) wird je nach lautlicher Umgebung zu ag oder a' verkürzt. Beginnt das Tätigkeitshauptwort mit einem Selbstlaut, lautet die Form a', beginnt es mit einem Mitlaut, lautet die Form ag.

Eine Verlaufsform ist im Hochdeutschen nicht gebräuchlich. Man findet sie manchmal in der Umgangssprache oder in Dialekten, z. B. im Rheinland („ich bin am Arbeiten"). Daher wird sie scherzhaft die rheinische Verlaufsform genannt.

a naoi air fhichead

Die Verlaufsform

Das Tätigkeitshauptwort steht in der Wörterliste jeweils in eckigen Klammern nach dem Wortstamm des Verbs, von dem es abgeleitet wird. In der Wort-für-Wort-Übersetzung wird es großgeschrieben.

Die Verlaufsform setzt sich so zusammen: Aussageform von bi (in der gewünschten Zeitstufe) + Person + ag / a' + Tätigkeitshauptwort. Natürlich kann noch eine Satzergänzung (Objekt) hinzugefügt werden.

Tha Calum a' draibheadh. Tha Calum a' draibheadh càr.
ha Kalum a draiwagh
ist Calum bei Fahren
Calum fährt.

ha Kalum a draiwagh kaar
ist Calum bei Fahren Auto
Calum fährt ein Auto.

Die Formulierung als Frage sowie die Antworten mit Ja und Nein funktionieren genauso wie in den Beispielen mit bi (siehe oben).

Tha e ag ionnsachadh Gàidhlig.	**A bheil e ag ionnsachadh Gàidhlig?**	**Tha.**	**Chan eil.**
ha ä ag iunssachagh Gaalik	a wäil ä ag iunssachagh Gaalik	ha	chan jäil
ist er bei Lernen Gälisch	*FP ist er bei Lernen Gälisch*	*ist*	*nicht° ist*
Er lernt Gälisch.	Lernt er Gälisch?	Ja.	Nein.

Bha mi a' dèanamh cofaidh.	**An robh thu a' dèanamh cofaidh?**	**Bha.**	**Cha robh.**
wa mii a dscheeanaw koffi	an ro u a dscheeanaw koffi	wa	cha ro
war ich bei Machen Kaffee	*FP warst du bei Machen Kaffee*	*war*	*nicht° war*
Ich machte Kaffee.	Hast du Kaffee gemacht?	Ja.	Nein.

Bidh mi a' snàmh.	**Am bi thu a' snàmh?**	**Bidh.**	**Cha bhi.**
bii mi a snaaw	am bi u a snaaw	bii	cha wi
sein-werden ich bei Schwimmen	*FP sein-werden du bei Schwimmen*	*sein-werden*	*nicht° sein-werden*
Ich werde schwimmen.	Wirst du schwimmen?	Ja.	Nein.

Die einfache Vergangenheit und Zukunft werden im Kapitel „Regelmäßige Verben". Die Gegenwart kann – wie bereits erwähnt, im Gälischen nur durch die Verlaufsform ausgedrückt werden, da eine sich wiederholende Handlung stets als zukünftig gilt.

Das Verb „is" (sein)

Das Verb „is" (sein)

Is (sein) ist ein häufig benutztes Verb und hat leider die Tendenz, sich in anderen Wörtern zu „verstecken", so dass man es nicht mehr findet. Gerade für Lernende ist es sehr ärgerlich, wenn eine Satzstruktur mühsam begriffen wurde, und dann plötzlich das Verb „verschwunden" zu sein scheint.

Das Verb is ist nur in zwei Formen gebräuchlich: is (ist) für die Gegenwart, und bu bu (war, wäre) für die Vergangenheit bzw. für den Konjunktiv (Möglichkeitsform). Bu leniert das folgende Wort, außer wenn dieses mit d oder t beginnt. Dies wird später bei den Modalverben wichtig.

Achtung: an *kann zum einen der männliche Artikel oder die Fragepartikel sein, zum anderen aber auch die abhängige Form von* is. *Hierbei verschmilzt sie mit der Fragepartikel und dem Verneinungswort, so dass man es nicht mehr erkennt! Beachten Sie außerdem:* bu *wird durch* cha *nicht leniert!*

is is ist	**bu** bu war / wäre
ist	*war°*
an an ist?	**am bu** am bu war / wäre?
FP-ist	*FP war°*
cha cha ist nicht	**cha bu** cha bu war / wäre nicht
nicht°-ist	*nicht° war°*

Is benutzt man, um zwei Hauptwörter (Personen, Gegenstände) in eine identifizierende Relation zueinander zu setzen: „A ist B". Inhaltlich dient diese Konstruktion häufig dazu, Feststellungen zu treffen. Im folgenden Beispiel is mise Micheal lautet die Feststellung: „Ich bin Michael (und eben nicht Mary)". Darüber hinaus werden oft die betonten Formen der persönlichen Fürwörter verwendet.

Is mise Mìcheal.	**An tusa Màiri?**	**'S mi.**	**Cha mhi.**
is mische Miichal	an tussa Maa^thi	smi	cha wi
ist ich Michael	*FP-ist du Mary*	*ist ich*	*nicht°-ist ich*
Ich bin Michael.	Bist du Mary?	Ja.	Nein.

In der Umgangssprache wird is *häufig zu* 's *verkürzt.*

a h-aon deug air fhichead | 31

Das Verb „is" (sein)

An e sin Port Rìgh?	**'S e.**	**Chan e.**
an ä schinn Porscht Rii	schä	chan jä
ist er jenes Portree	*ist er*	*nicht°-ist er*
Ist das Portree?	Ja.	Nein.

Bei einigen Formulierungen muss der Satz anders als im Deutschen konstruiert werden. Hier kommt die Relativpartikel a *ins Spiel, die später noch einmal richtig erklärt wird. Die Relativpartikel wird in der Wort-für-Wort-Übersetzung mit „welche, -r, -s" übersetzt.*

'S e tidsear a tha ann am Mìcheal.
schä tiidscher a ha aun am Miichel
ist er Lehrer welcher ist in (-) Michael
Michael ist ein Lehrer.

'S e Seumas an t-ainm a th'orm.
schä Schemas an tännem a horrem
ist er James der Name welcher ist auf-ich
Ich heiße James.

'S e baile brèagha a tha ann an Inbhir Nis.
schä bale bri'a a ha aun an Injir Nisch
ist er Stadt schön welche ist in (-) Inverness
Inverness ist eine schöne Stadt.

Sin mo bhean.
schinn mo wän
jene meine° Frau
Das ist meine Frau.

idiomatische Ausdrücke

Viele feststehende Ausdrücke werden mit is + Eigenschafts- / Hauptwort + Verhältniswort gebildet:

is toil le	s toll lä	*ist Wunsch mit*	mögen
is beag air	s bäk äᵗʰ	*ist klein auf*	hassen
is fheàrr le	schaar lä	*ist besser mit*	bevorzugen
is coma le	s koma lä	*ist egal mit*	egal sein

Regelmäßige Verben & Zeiten

Regelmäßige Verben & Zeiten

Zur Bildung der einfachen Zeitstufen Vergangenheit und Zukunft geht man im Gälischen vom Verbstamm aus. Der wird in einem Lexikon immer zuerst genannt. Auch in den Wörterlisten des vorliegenden Bandes wird dies so gehandhabt.

Verbstamm & Befehlsform

Der Verbstamm entspricht der Befehlsform Einzahl. Für deren Verneinung (= Verbot) wird ein na vorangestellt. Die Mehrzahl bildet man, indem man -ibh an einen hell endenden Stamm und -aibh an einen dunkel endenden Stamm anhängt.

òl!	ool	trink!
na òl!	na ool	trink nicht!
òlaibh!	ooliw	trinkt!
na òlaibh!	na ooliw	trinkt nicht!
ceannaich!	keannich	kauf!
na ceannaich!	na keannich	kauf nicht!
ceannaichibh!	keannichiw	kauft!
na ceannaichibh!	na keannichiw	kauft nicht!

Von der Befehlsform (d. h. genauer gesagt, vom gleichlautenden Verbstamm) können alle anderen Zeiten gebildet werden. Einzige Ausnahme ist die Gegenwart, die nur mit Hilfe der Verlaufsform ausgedrückt werden kann!

Vergangenheit

Um die Vergangenheitsform (Aussageform) zu bilden, wird der 1. Mitlaut des Verbstamms leniert (soweit dies möglich ist). Danach folgt das persönliche Fürwort. Nicht immer beginnt das Verb (bzw. der Verbstamm) mit einem Mitlaut. Verbstämmen, die mit Selbstlaut beginnen, wird dh' vorangestellt.

Die zur Aussage zugehörige Frage wird genauso wie der entsprechende Aussagesatz gebildet, nur mit

Regelmäßige Verben & Zeiten

Dieses do *hat übrigens nichts mit dem Verhältniswort* do *zu tun. Die Fragepartikel* an *hat auch nichts mit dem bestimmten Artikel* an *zu tun. Das kann man wunderbar verwechseln!*

dem Unterschied, dass zunächst die Fragepartikel an (abgekürzt: *FP*) und danach die Vergangenheitspartikel do (abgekürzt: *V*) dem Satz vorangestellt wird.

Im Gälischen gibt es, wie gesagt, kein Wort für Ja und Nein. Möchte man auf eine Frage, die in der Vergangenheit steht, mit Ja antworten, so wiederholt man das Verb in seiner Aussageform. Möchte man die Frage hingegen verneinen, benutzt man die Verneinung cha in Kombination mit der abhängigen Form des Verbs. Diese besteht aus der Vergangenheitspartikel do + Aussageform.

Hier Aussagesatz, Frage und Ja-/Nein-Antworten im Überblick:

●Verb beginnt mit lenierbarem Mitlaut (b, c, d, g, m, p, t, s), hier am Beispiel ceannaich (kauf!) gezeigt.

Cheannaich mi bainne.	**An do cheannaich thu ... ?**	**Cheannaich.**	**Cha do cheannaich.**
cheannich mi bannje	an do cheannich u ...	cheannich	cha do cheannich
kaufte ich Milch	*FP V kaufte du ...*	*kaufte*	*nicht° V kaufte*
Ich kaufte Milch.	Kauftest du ...?	Ja.	Nein.

●Wenn das Verb mit einem Selbstlaut (a, e, i, o, u) beginnt, wird diesem Selbstlaut ein dh' vorangestellt, hier am Beispiel: ith (iss!) gezeigt:

Dh'ith mi iasg an-dè.	**An do dh'ith e aran?**	**Dh'ith.**	**Cha do dh'ith.**
jich mi iask an-dschee	an do jich ä aran	jich	cha do jich
aß ich Fisch gestern	*FP V aß er Brot*	*aß*	*nicht° V aß*
Ich aß gestern Fisch.	Aß er Brot?	Ja.	Nein.

●Da bei der Lenierung von f zu fh das f stumm wird, behandelt man Verben, die mit f beginnen, als würden sie mit einem Selbstlaut beginnen. Dem fh wird also ein dh' vorangestellt, hier am Beispiel fosgail (öffne!) gezeigt.

a ceithir deug air fhichead

Regelmäßige Verben & Zeiten

● Beginnt das Verb mit l, n, r oder sg, sm, sp, st, dann ändert sich am Wortanfang nichts, da diese Buchstaben nicht lenieren können, hier am Beispiel sgrìobh (schreib!) gezeigt (beide Beispiele nur Aussagesatz).

Dh'fhosgail mi an uinneag. **Sgrìobh mi litir.**
ghoskal mi an unnjak   skriiw mi lichtschi[th]
öffnete ich das Fenster   *schrieb ich Brief*
Ich öffnete das Fenster.   Ich schrieb einen Brief.

Partikeln sind übrigens grammatische Funktionsträgerwörtchen ohne eigene Wortbedeutung, z. B. die Fragepartikel, die den Satz lediglich als Frage kennzeichnet, und die Vergangenheitspartikel, die den Satz in die Vergangenheit stellt.

Zukunft

Die Zukunft kann mehrere Bedeutungen haben:
a) Es wird etwas geschehen; b) Es kann etwas geschehen; c) Es geschieht ständig etwas.

Die Zukunftsform wird wie die Vergangenheit vom Verbstamm gebildet. Bei dieser Zeitstufe wird jedoch eine Endung an den Stamm angehängt (am Wortanfang ändert sich nichts). Die Endung lautet -idh, wenn der Verbstamm auf einer hellen Silbe endet, bzw. -aidh, wenn der Verbstamm auf einer dunklen Silbe endet.

Die abhängige Form in der Zukunft ist mit dem Stamm (Befehlsform) des Verbs identisch.

Ceannaichidh mi bainne. | **An ceannaich thu bainne?** | **Ceannaichidh.** | **Cha cheannaich.**
keannichi mi bannje | an keannich u bannje | keannichi | cha cheannich
kaufen-werden ich Milch | *FP kaufen-werden ich Milch* | *kaufen-werden* | *nicht° kaufen-w.*
Ich werde / kann Milch kaufen. / Ich kaufe immer Milch. | Werde / Kann ich Milch kaufen? | Ja. | Nein.

Sgrìobhaidh sinn càirt. | **An sgrìobh sibh càirt?** | **Sgrìobhaidh.** | **Cha sgrìobh.**
skriiwi schiin kaarscht | an skriiw schiiw kaarscht | skriiwi | cha skriiw
schreiben-w. wir Karte | *FP schreiben-w. ihr Karte* | *schreiben-w.* | *nicht schreiben-w.*
Wir werden / können eine Karte schreiben. | Werdet ihr eine Karte schreiben? | Ja. | Nein.

Regelmäßige Verben & Zeiten

relatives Futur

Mit dem Begriff „relatives Futur" bezeichnet man eine besondere Zukunftsform der Verben, die immer dann benutzt wird, wenn dem Verb ein Relativpronomen (der, die, das; welche, -r, -s) vorausgeht.

Es wird gebildet, indem man den Verbstamm leniert (außer d, t) und daran die Endung -as bei dunkel endenden bzw. -eas bei hell endenden Wörtern anhängt. Verben, die mit einem Selbstlaut beginnen, stellen dh' voran.

Das persönliche Fürwort thu verändert seine Form nach dem relativen Futur zu tu. Die anderen persönlichen Fürwörter ändern sich nicht.

an t-uisge a dh'òlas tu
an tüschke a ghoolas tu
das Wasser welches trinken-werden du
das Wasser, welches du trinken wirst

an ticead a cheannaicheas mi
an tichket a cheanniches mi
der Fahrschein welchen kaufen-werden ich
den Fahrschein, den ich kaufen werde

an leabhar a leughas mi
an ljo'or a lee'as mi
das Buch welches lesen-werden ich
das Buch, welches ich lesen werde

an duine a bhios ann
an dünje a wias aun
der Mann welcher sein-werden da
der Mann, der da sein wird

Besonders wichtig wird das relative Futur im Kapitel „Fragewörter", da diesen fast immer das Relativpronomen folgt.

Unregelmäßige Verben

Es gibt im Schottisch-Gälischen nur zehn unregelmäßige Verben, die dafür aber sehr unregelmäßig sind. Dummerweise sind es gerade die, die man am häufigsten benutzt. Dies sind die zehn Querulanten: abair apeth (sagen), beir bäth (tragen), cluinn kluin (hören), dèan dscheean (machen), faic fächk (sehen), faigh fai (bekommen), rach rach (gehen), ruig ruk (erreichen), thig hik (kommen), thoir hooth (geben).

Die unregelmäßigen Verben werden in der folgenden Übersicht mit den jeweiligen Aussageformen und abhängigen Formen, Fragebeispielen sowie den Antworten für Ja und Nein angegeben. In der Überschrift ist außerdem die Übersetzung des Verbs abair apeth (sagen) als Beispiel genannt, um die jeweilige Form zu verstehen. Das in Klammern gesetzte persönliche Fürwort ist nur ein „Platzhalter", für den dann im Gälischen das gewünschte persönliche Fürwort (steht nach der Verbform!) eingesetzt werden muss.

Sollten Sie es als schwierig empfinden, die unregelmäßigen Verben zu benutzen – was verständlich wäre – nehmen Sie einfach für den Anfang die Verlaufsformen mit Tätigkeitshauptwort und tha, bha oder bidh. Diese sind regelmäßig, jeder wird Sie verstehen, und es gibt keine Tränen. Damit das auch klappt, ist das Tätigkeitshauptwort zur Sicherheit auch mit angegeben.

Und noch zwei Besonderheiten: Für das Verb beir bäth (tragen) gibt es zwei gebräuchliche Tätigkeitshauptwörter, und bei den mit (*) gekennzeichneten Formen lautet das persönliche Fürwort „du" tu anstatt thu.

a seachd deug air fhichead

Unregelmäßige Verben

Stamm sag!	Tätigkeitshauptwort beim Sagen	Vergangenheit (ich) sagte	Zukunft (ich) werde sagen	Frage in der Vergangenheit sagtest (du)?	Antwort in der Vergangenheit ja/nein	Frage in der Zukunft wirst (du) sagen?	Antwort in der Zukunft ja/nein
abair! apeth	**ag ràdh** ag raa	**thuirt** hurscht	**their** hᾱth	**an tuirt?** an duurscht	**thuirt/cha tuirt** huurscht/cha duurscht	**an abair?** an apeth	**their/chan abair** hᾱth/chan apeth
beir bᾱth	**a' beirsinn,** a bᾱthschinn, **a' breith** a bräi	**rug** ruk	**beiridh** bᾱthij	**an d' rug?** an druck	**rug/cha d' rug** ruk/cha druk	**am beir?** am bᾱth	**beiridh/cha bheir** bᾱthij/cha wᾱth
cluinn kluinn	**a' cluinntinn** a kluinntschinn	**chuala** chuala	**cluinnidh** klunnji	**an cuala? (*)** an guala	**chuala/cha chuala** chuala/cha chuala	**an cluinn?** an kluinn	**cluinnidh/cha chluinn** klunnij/cha chluinn
dèan dschean a dscheeanaw	**a' dèanamh** a dscheeanaw	**rinn** reinn	**nì** nii	**an d' rinn?** an dreinn	**rinn/cha d' rinn** reinn/cha d' rinn	**an dèan?** an dscheeaan	**nì/cha dean** nii/cha dean
faic fächk	**a' faicinn** a fächkinn	**chunnaic** chunnichk	**chì** chii	**am faca? (*)** am fachka	**chunnaic/chan fhaca** chunnichk/chan achka	**am faic?** am fächk	**chì/chan fhaic** chii/chan ächk
faigh fai	**a' faighinn** a fai'inn	**fhuair** huath	**gheibh** jiff	**an d' fhuair?** an duath	**fhuair/cha d' fhuair** huath/cha duath	**am faigh?** am fai	**gheibh/chan fhaigh** jiff/chan ai
rach rach	**a' dol** a doll	**chaidh** chai	**thèid** heedsch	**an deach?** an dscheach	**chaidh/cha deach** chai/cha dscheach	**an tèid?** an dscheedsch	**thèid/cha tèid** heedsch/cha dscheedsch
ruig ruk	**a' ruigsinn** a rukschinn	**ràinig** raanik	**ruigidh** ruki	**an d' ràinig thu?** an draanik	**ràinig/cha d' ràinig** raanik/cha draanik	**an ruig?** a ruk	**ruigidh/cha ruig** ruki/cha ruk
thig hik	**a' tighinn** a tschi'inn	**thàinig** haanik	**thig** hik	**an tàinig?** an daanik	**thàinig/cha tàinig** haanik/cha daanik	**an tig?** an dschik	**thig/cha tig** hik/cha dschik
thoir hooth	**a' toirt** a toorscht	**thug** huk	**bheir** wᾱth	**an tug?** an duk	**thug/cha tug** huk/cha duk	**an toir?** an tooth	**bheir/cha toir** wᾱth/cha tooth

Von Fall zu Fall – die Beugung

Das Schottisch-Gälische unterscheidet fünf Fälle, wobei jedoch der 4. Fall Einzahl mit dem 1. Fall zusammenfällt. In der Mehrzahl gibt es nur für den 1., 2. und 5. Fall Beugungsformen. In alten Schriftstücken, Liedern und Gedichten sieht man häufig noch den 3. Fall Mehrzahl (Endung auf -ibh).

Die Fälle

- **1. Fall (Nominativ)** – Der erste Fall ist die Grundform des Wortes. Mit der Frage „wer" oder „was?" erfragt man den 1. Fall. In dieser Grundform findet man gälische Hauptwörter im Lexikon.
- **2. Fall (Genitiv)** – Den zweiten Fall erfragt man mit „wessen?" Er zeigt Besitz oder Herkunft an. Die Genitivform findet man bei Hauptwörtern als zweite Form in der Wörterliste (in eckigen Klammern).
- **3. Fall (Dativ)** – Den dritten Fall erfragt man mit „wem". Im Gälischen steht er nach den meisten Verhältniswörtern.
- **4. Fall (Akkusativ)** – Praktischerweise ist diese Form identisch mit dem 1. Fall. Deshalb wird er in Lehrbüchern oft nicht aufgeführt, und wir brauchen uns auch nicht weiter darum zu kümmern.
- **5. Fall (Vokativ)** – Der Vokativ ist der so genannte Anredefall. Er wird bei der Anrede benutzt. Die Namen der angeredeten Personen werden dann im Vokativ gebeugt. Im Deutschen gibt es diesen Fall gar nicht, es sei denn in Ausrufen oder religiösen Anrufungen („Oh Gott!", „Oh Herr"), aber hier ändert sich ja nichts am Namen selbst. Das a vor dem gälischen Hauptwort im Vokativ entspricht diesem „oh" im Deutschen.

In der Wort-für-Wort-Übersetzung werden gebeugte Wörter durch die hochgestellte Zahl des entsprechenden Falls gekennzeichnet, jedoch nicht, wenn die Form mit dem 1. Fall identisch ist!

Von Fall zu Fall – die Beugung

Beugung des bestimmten Artikels

Haben Sie es bemerkt? Der 2. Fall männlich Ez und der 1. Fall weiblich Ez sind auch identisch!

Je nach grammatischem Geschlecht des Hauptwortes und dessen Anfangsbuchstaben verändert sich die Form des Artikels.

Einzahl	Anlaut des Wortes	männl.	Anlaut des Wortes	weibl.
1. Fall	b, p, f, m	am	lenierbarer Mitlaut	a'
	Selbstlaut	an t-	Selbstl., l, n, r, sg, sm, sp, st	an
	alle anderen	an	s, sl, sn, sr	an t-
			f	an
2. Fall	lenierbarer Mitlaut	a'	Selbstlaut	na h-
	Selbstl., l, n, r, sg, sm, sp, st	an	Mitlaut	na
	s, sl, sn, sr	an t-		
	f	an		

Einzahl	Anlaut des Wortes	männl. u. weibl.
3. Fall	lenierbarer Mitlaut	a'
	Selbstl., l, n, r, sg, sm, sp, st	an
	s, sl, sn, sr	an t-
	f	an

Mehrz.	Anlaut des Wortes	männl. u. weibl.
1. Fall	Selbstlaut	na h-
	Mitlaut	na
2. Fall	b, p, f, m	nam
	alle anderen	nan

Ausnahmen bei der Lenition

Sollten Sie im Eifer des Gefechts den falschen Artikel benutzen ... – keine Sorge. Sie werden auf jeden Fall aus dem Zusammenhang heraus verstanden.

In der Beugung der Hauptwörter leniert der bestimmte Artikel nie d und t am Wortanfang eines Hauptwortes.

Steht der bestimmte Artikel an t- vor s, so wird das t mit Bindestrich vor das Hauptwort gesetzt und das s nicht mehr gesprochen. Man tut so, als würde das Wort mit dem auf das s folgenden Buchstaben beginnen. Das s kann noch eine ganze Menge anderer toller Dinge verursachen, siehe die Grammatikbücher im Anhang, die darüber spannend berichten.

dà fhichead

Von Fall zu Fall – die Beugung

Beugung der Hauptwörter

Um ein Hauptwort zu beugen, geht man jeweils von der Grundform des Wortes (unbestimmte Form) aus. Abhängig vom Fall des Wortes ändert sich der Wortanfang und manchmal auch das Wortende des Hauptwortes. Wenn die Hauptwörter mit dem bestimmten Artikel zusammengesetzt werden sollen, muss man sie so behandeln, wie in der folgenden Tabelle beschrieben.

Verwenden Sie die folgenden Übersichten nur zum Nachschlagen und versuchen Sie nicht, sie auswendig zu lernen. Mit der Zeit werden Sie ein Gefühl für den richtigen Artikel bekommen!

Einzahl	männl. u. Artikel	weibl. u. Artikel
1. Fall	Grundform Einzahl	wenn möglich lenieren
2. Fall	wenn möglich lenieren, letzte Silbe aufhellen	letzte Silbe aufhellen und am Wortende häufig -e anfügen; das -e wird oft nicht mitgesprochen!
3. Fall	wenn möglich lenieren	wenn möglich lenieren, manchmal wird die letzte Silbe aufgehellt (muss man jeweils lernen)
5. Fall	wenn möglich lenieren, letzte Silbe aufhellen, wenn Wort mit Mitlaut beginnt: a voranstellen	wenn möglich lenieren, wenn Wort mit Mitlaut beginnt: a voranstellen
Mehrz.	**männl. / weibl. u. Artikel**	
1. Fall	Grundform Mehrzahl	
2. Fall	wenn Grundform Mehrz. dunkel endet, identisch mit 1. Fall Mehrz. wenn Grundform Mehrz. hell endet, identisch mit 1. Fall Einz.	
5. Fall	a voranstellen und Grundform Mehrz. wenn möglich lenieren	

Und damit es nicht zu abstrakt wird, wird hier die Beugung Hauptwort plus Artikel anhand von Beispielen vorgeführt. Der 5. Fall (Anredefall) ist zwar nicht immer sinnvoll und zum Teil spaßig, aber zum Üben erlaubt! Beispiele für die Namen im Anredefall findet man im Kap. „Namen & Anrede".

Achtung: d und t werden bei der Beugung der Hauptwörter nicht leniert.

dà fhichead 's a h-aon

Von Fall zu Fall – die Beugung

	1. Fall ohne Art.	1. Fall mit Art.	2. Fall	3. Fall mit Verhältnisw.	5. Fall (Anredefall)
männliche Hauptwörter in der Einzahl	*Das Hauptwort beginnt mit einem Selbstlaut: a, e, i, o, u*				
	eilean	an t-eilean	an eilein	anns an eilean	eilein!
	ällan	an tschällan	an ällein	auns an ällan	ällan
	Insel	die Insel	der Insel	auf der Insel	Insel!
	Das Hauptwort beginnt mit b, p, f, m (lenierbar)				
	balach	am balach	a' bhalaich	leis a' bhalach	a bhalaich!
	ballach	am ballach	a wallich	läsch a wallach	a wallich
	Junge	der Junge	des Jungen	mit dem Jungen	Junge!
	Das Hauptwort beginnt mit c, g (lenierbar)				
	cat	an cat	a' chait	leis a' chat	a chait!
	kacht	an kacht	a chatsch	läsch a chacht	a chatsch
	Katze	die Katze	der Katze	mit der Katze	Katze!
	Das Hauptwort beginnt mit d, t, l, n, r, sg, sm, sp, st (es wird nicht leniert)				
	doras	an doras	an dorais	aig an doras	a dhorais!
	dorrass	an dorrass	an dorrisch	äg an dorrass	a ghorrisch
	Tür	die Tür	der Tür	bei der Tür	Tür!
	Das Hauptwort beginnt mit s (es wird nicht leniert)				
	seòmar	an seòmar	an t-seòmair	anns an t-seòmar	a sheòmair!
	schoomer	an schoomer	an tschoometh	auns an tschoomer	a hoometh
	Zimmer	das Zimmer	des Zimmers	in dem Zimmer	Zimmer!

Achtung: Der Vokativ (Anredefall) leniert im Gegensatz zu den anderen Fällen alle lenierbaren Mitlaute, also auch d, t und s. Genau wie in der Einzahl entfällt auch hier das a, wenn das folgende Hauptwort mit einem Selbstlaut beginnt. Übrigens ist der Vokativ von balaich (Junge) unregelmäßig (*)!

	1. Fall ohne Art.	1. Fall mit Art.	2. Fall	–	5. Fall (Anredefall)
Mehrzahl	*Das Hauptwort (1. Fall Mehrz.) beginnt mit Mitlaut und endet hell*				
	balaich	na balaich	nam balach	–	a bhalachaibh!
	ballich	na ballich	nam ballach		a wallachiw
	Jungen	die Jungen	der Jungen		Jungen!*

42   dà fhichead 's a dhà

Von Fall zu Fall – die Beugung

	1. Fall ohne Art.	1. Fall mit Art.	2. Fall	3. Fall mit Verhältnisw.	5. Fall (Anredefall)
weibliche Hauptwörter in der Einzahl	Das Hauptwort beginnt mit einem Selbstlaut: a, e, i, o, u				
	eaglais	an eaglais	na h-eaglaise	anns an eaglais	eaglais!
	äklisch	an äklisch	na häklisch	auns an äklisch	äklisch
	Kirche	die Kirche	der Kirche	in der Kirche	Kirche!
	Das Hauptwort beginnt mit b, p, m, c, g (lenierbar)				
	caileag	a' chaileag	na caileige	aig a' chaileig	a chaileag!
	kallek	a challek	na kallige	äk a challik	a challek
	Mädchen	das Mädchen	des Mädchens	bei dem Mädchen	Mädchen!
	Das Hauptwort beginnt mit f (lenierbar)				
	fideag	an fhideag	na fideige	air an fhideag	fhideag!
	fidschak	an idschak	na fidschege	äth an idschak	idschak
	Flöte	die Flöte	der Flöte	auf der Flöte	Flöte!
	Das Hauptwort beginnt mit d, t, l, n, r, sg, sm, sp, st (es wird nicht leniert)				
	sgoil	an sgoil	na sgoile	anns an sgoil	a sgoil!
	skoll	an skoll	na skolle	auns an skoll	a skoll
	Schule	die Schule	der Schule	in der Schule	Schule!
	Das Hauptwort beginnt mit s (es wird nicht leniert)				
	sràid	an t-sràid	na sràide	air an t-sràid	a shràid!
	straadsch	an traadsch	na straadsche	äth an traadsch	a raadsch
	Straße	die Straße	der Straße	auf der Straße	Straße!

Die Bildung und Beugung der Mehrzahl ist unabhängig vom grammatischen Geschlecht, funktioniert also für männliche und weibliche Hauptwörter gleich. Ist das nicht schön? Vergleichen Sie dazu auch Seite 22/23.

	1. Fall ohne Art.	1. Fall mit Art.	2. Fall	–	5. Fall (Anredefall)
Mehrzahl	Das Hauptwort (1. Fall Mz) beginnt mit Selbstlaut und endet dunkel				
	eaglaisean	na h-eaglaisean	nan eaglaisean	–	eaglaisean!
	äklischen	na häklischen	nan äklischen		äklischen
	Kirchen	die Kirchen	der Kirchen		Kirchen!

dà fhichead 's a trì

Von Fall zu Fall – die Beugung

Beugung der Eigenschaftswörter

Die Beugung der Eigenschaftswörter folgt den gleichen Regeln wie die der Hauptwörter. Das heißt, sie folgen dem Hauptwort in allen Veränderungen. Das s spielt wieder eine Sonderrolle und leniert bei den Eigenschaftswörtern zu sh (!), außer bei sg, sm, sp, st.

am balach beag (1. Fall m) **a' chaileag bheag** (1. Fall w)
am ballach bäk   a challek wäk
der Junge klein   *das° Mädchen° klein*
der kleine Junge   das kleine Mädchen

a' bhalaich bhig (2. Fall m) **na caileige bige** (2. Fall w)
a wallich wik   na kallige bike
des² ° Jungen² ° klein²   *des² Mädchen² klein²*
des kleinen Jungen   des kleinen Mädchens

leis a' bhalach bheag (3 m) **leis a' chaileig bhig** (3 w)
läsch a wallach wäk   läsch a challik wik
mit dem³ ° Jungen³ ° klein³   *mit dem³ ° Mädchen³ ° klein³*
mit dem kleinen Jungen   mit dem kleinen Mädchen

Wenn das zugehörige, in der Mehrzahl stehende Hauptwort mit einer hellen Silbe endet, wird das Eigenschaftswort leniert. Endet das Hauptwort dunkel, bleibt das Eigenschaftswort unleniert. Wenn das Eigenschaftswort darüber hinaus auf einen Mitlaut endet oder aber nur aus einer einzigen Silbe besteht, hängt man an das Eigenschaftswort -a an. Dies gilt dann für alle Fälle!

na balaich bheaga   **na taighean beaga**
na ballich wäka   na tähen bäka
die Jungen kleine   *die Häuser kleine*
die kleinen Jungen   die kleinen Häuser

Von Fall zu Fall – die Beugung

An taigh beag bedeutet „das kleine Haus". Schreibt man es mit einem Bindestrich (an taigh-beag), bedeutet es „Toilette". In Schottland geben viele Leute ihren Häusern Namen – und zwar gerne auch in nicht-gälischsprachigen Gebieten gälische Namen. Beliebt ist an taigh beag agam (mein kleines Haus). Ein Bindestrich am falschen Ort, z. B. in einer Reihenhaus-Vorortsiedlung von Glasgow kann hier zu großer Erheiterung führen, wenn man wie ein wenig Ahnung vom Gälischen hat. Lächeln Sie still und wissend in sich hinein, fahren Sie daran vorbei und fragen Sie bloß nicht, ob Sie mal „dürfen".

Umstandswörter

Mit Umstandswörtern (Adverbien) beschreibt man die Eigenschaften von Verben. Umstandswörter bildet man im Schottisch-Gälischen, indem man dem Eigenschaftswort das Wort gu voranstellt. Beginnt ein Eigenschaftswort mit einem Selbstlaut, wird gu h- vorangestellt. Sehr oft wird das gu aber auch weggelassen. Wenn Sie das auch machen, ist das nicht weiter schlimm. Sie werden auch so verstanden.

Tha mi gu math. Bidh mi ann a-nochd gu dearbh.
ha mi gu ma   bii mi aun a-nochk gu dschärraw
ist ich U gut   sein-werden ich da heute-abend U sicher
Mir geht es gut. Ich werde bestimmt heute da sein.

In der Wort-für-Wort-Übersetzung wird gu mit „U" wiedergegeben, da es dafür keine sinnvolle Übersetzung gibt.

dà fhichead 's a còig

Steigern & Vergleichen

Im Schottisch-Gälischen gibt es wie im Deutschen drei Steigerungsformen von Eigenschaftswörtern.

Steigern

Achtung: Nas und as lösen nur bei Eigenschaftswörtern, die mit f- anlauten, Lenition aus!

Der Komparativ (1. Steigerungsstufe) wird mit vorangestelltem nas nass (mehr), der Superlativ (2. Steigerungsstufe) mit as ass (ist meist) und dem gesteigerten Eigenschaftswort gebildet. Die häufigste Art Eigenschaftwörter zu steigern: Hellen Sie die letzte Silbe auf (i vor den letzten Buchstaben einfügen und e hinten an das Wort anhängen). Endet das Eigenschaftswort hell, brauchen Sie gar nichts zu tun!

sean schän	**nas sine** nass schine	**as sine** ass schine
alt	älter	am ältesten
fuar fuar	**nas fhuaire** nassuathe	**as fhuaire** assuathe
kalt	kälter	am kältesten

Die wichtigsten unregelmäßig gesteigerten Eigenschaftswörter sind:

math ma	**nas fheàrr** naschaar	**as fheàrr** aschaar
gut	besser	am besten
dona donna	**nas miosa** nass missa	**as miosa** ass missa
schlecht	schlechter	am schlechtesten
mòr moor	**nas motha** nass mo'a	**as motha** ass mo'a
groß	größer	am größten
beag bäk	**nas lugha** nass lugha	**as lugha** ass lugha
klein	kleiner	am kleinsten
goirid gorridsch	**nas giorra** nass girra	**as giorra** ass girra
kurz	kürzer	am kürzesten
furasda furasda	**nas fhasa** nassassa	**as fhasa** assassa
einfach	einfacher	am einfachsten

Vergleichen

Tha Barraigh cho brèagha ri Uibhist a Deas.
ha Barrai cho bri'a ri Uischt a Dschäss
ist Barra so schön wie Uist im Süden
Barra ist so schön wie South-Uist.

A ist wie B

In den Wörterlisten im Anhang wird das gesteigerte Eigenschaftswort immer in eckigen Klammern angegeben.

Tha mi sgìth ris a' chù.
ha mi skii risch a chuu
ist ich müde zu dem³° Hund³
Ich bin hundemüde. *(müde wie ein Hund)*

Tha Glaschu nas motha na Dùn Èideann.
ha Glassechu nass mo'a na Duun Eedschan
ist Glasgow mehr groß als Edinburgh (-)
Glasgow ist größer als Edinburgh.

A ist ...-er als B

Is e Inbhir Nis am baile as motha anns a' Ghàidhealtachd.
schä Injir Nisch am balle ass mo'a auns a Ghä'eltachd
ist es Inverness die Stadt meist größer in dem³° Hochland³
Inverness ist die größte Stadt im Hochland.

A ist am ...-sten
Sätze mit dem Superlativ bildet man mit dem Verb is *(sein).*

Verhältniswörter

Die Verhältniswörter legen im Gälischen ein ungewöhnliches Verhalten an den Tag: Sie können sowohl mit den bestimmten Artikeln als auch mit den persönlichen Fürwörtern ein Verhältnis eingehen. Das bedeutet, dass sie miteinander verschmelzen können. Hier werden nur die häufigsten genannt, und wenn man mit diesen umgehen kann, wird man die meisten Situationen sprachlich meistern können.

Verhältniswörter

Grundformen einiger einfacher Verhältniswörter

Die Verhältniswörter bleiben mit einem unbestimmten Hauptwort meistens unverändert. Es gibt folgende Ausnahmen: **Ann** verdoppelt sich zu **ann an**, und **do** verdoppelt sich bei Wörtern, die mit einem Selbstlaut beginnen, zu **do dh'**.

Eine schöne Verwechslungsgeschichte ist auch der Gebrauch des Verhältniswortes à. Do kann nämlich auch als a erscheinen. Der einzige Unterschied ist der Akzent. À heißt „aus", während a „zu" bedeutet und das folgende Wort leniert.

Tha mi ann an Alba.
ha mi aun an Allepa
bin ich in (-) Schottland
Ich bin in Schottland.

Tha mi a' dol do dh' Inbhir Nis.
ha mi a doll do Jinjir Nisch
bin ich bei Gehen zu° (-) Inv. (-)
Ich gehe nach Inverness.

Tha mi à Barraigh.
ha mi a Barrai
ist ich aus Barra
Ich bin aus Barra.

Tha mi a' dol a Bharraigh.
ha mi a doll a Warrai
ist ich beim Gehen zu° Barra
Ich gehe nach Barra.

ann	aun	in	**le**	lä	mit
ri	ri	zu	**à**	a	aus
air	äth	auf	**eadar**	ätter	zwischen
aig	äk	bei	**còmhla ri**	koola ri	zusammen mit
gu	gu	nach *(Richtg.)*			

Tha Eirisgeidh eadar Barraigh agus Uibhist a Deas.
ha Erischkei ätter Barrai ages Uischt a Dschäss
ist Eriskay zwischen Barra und Uist im Süden
Eriskay liegt zwischen Barra und South-Uist.

Die nebenstehenden Verhältniswörter lenieren in ihrer Grundform das folgende unbestimmte Hauptwort.

fo°	fo	unter	**bho°**	wo	von *(... nach)*
ro°	ro	vor *(zeitlich)*	**de°**	dschä	von *(etwas)*
do°	do	zu *(in Richtung auf)*			

Bidh mi a' draibheadh bho Ghlaschu gu Peairt.
bii mi a draiwagh wo Ghlassechu gu Pearscht
sein-werden ich bei Fahren von° Glasgow nach Perth
Ich werde von Glasgow nach Perth fahren.

dà fhichead 's a h-ochd

Verhältniswörter

Bis auf eadar und gu folgt auf alle hier aufgeführten Verhältniswörter der 3. Fall. Wir erinnern uns mit Schrecken an den bestimmten Artikel im Dativ: Sobald die Verhältniswörter mit dem Dativ zusammenkommen, treten bestimmte Veränderungen ein. Die folgenden Verhältniswörter hängen ein -s an:

Verhältniswörter vor bestimmtem Artikel

Grundform			vor best. Artikel im 3.Fall		
ann	aun	→	anns	auns	in
le	lä	→	leis	läsch	mit
ri	ri	→	ris	risch	zu
à	a	→	às	ass	aus

Tha mi anns an Eilean Sgitheanach.
ha mi auns an Ällan Ski'anach
ist ich in der³° Insel³ Skye³
Ich bin auf der Insel Skye.

Tha mi ag èisdeachd ris an rèidio.
ha mi ak eeschtscheachd risch an reedio
ist ich beim Hören zu dem³° Radio³
Ich höre Radio.

Thàinig e leis a' chàr ùr.
haanik ä läsch a chaar uur
kam er mit-dem³° Auto³ neu³
Er kam mit dem neuen Auto.

Tha e às a' Ghearmailt.
ha ä ass a Jerremaltsch
ist er aus dem³° Deutschland³
Er ist aus Deutschland.

Die folgenden Verhältniswörter verschmelzen mit dem bestimmten Artikel (Einzahl) an.

Grundform			mit best. Artikel im 3.Fall		
do°	do	zu	don°	don	zu dem
fo°	fo	unter	fon°	fon	unter dem
bho°	wo	von	bhon°	won	von dem
de°	dschä	von	den°	dschän	von dem
ro°	ro	vor	ron°	ron	vor dem

Tha mi a' dol don Fhraing.
ha mi a doll don Raink
ist ich bei Gehen zu-dem³° Frankr.³
Ich gehe nach Frankreich.

Tha mi den bheachd gu bheil Alba brèagha.
ha mi dschän weachd gu wäil Allepa bri'a
ist ich von-dem³° Gedanken³ dass ist Schottl. schön
Ich finde Schottland schön.

dà fhichead 's a naoi

Verhältniswörter

Air ä[th] (auf) und aig äk (bei) behalten ihre Grundform, wenn der bestimmte Artikel Einzahl folgt. Wenn jedoch das auf das Verhältniswort folgende Hauptwort in der Mehrzahl steht, behalten alle Verhältniswörter die Grundform.

Chòisich mi aig a' chladach.
chooschich mi äk a chlatach
wanderte ich bei der[3]° Küste[3]
Ich wanderte entlang der Küste.

Chaidh e do na h-eileanan.
chai ä do na hällenan
ging er zu° die Inseln
Er reiste auf die Inseln.

Beugung der Verhältniswörter

Verhältniswörter werden im Schottisch-Gälischen, wie bereits angedroht, gebeugt und gehen eine Verbindung mit den persönlichen Fürwörtern ein.

Zusammen mit einer Form von bi (sein) kann man „haben", im Sinne von „besitzen" ausdrücken (s. a. Kap. „Haben").

Im Gälischen „spricht" man Sprachen nicht, man „hat" sie. Auch die Kleidung ist „auf".

Tha Gàidhlig agam.
ha Gaalik akam
ist Gälisch bei-ich
Ich spreche Gälisch.

Chan eil airgead agam.
chan jäil ä[th]eget akam
nicht° ist Geld bei-ich
Ich habe kein Geld.

Dè an t-ainm a th' ort?
dschee an tännem a horscht
was d. Name welcher ist auf-du
Wie heißt du?

Tha còta orm.
ha kochta orrem
ist Mantel auf-ich
Ich habe einen Mantel an.

aig	äk	bei	air	ä[th]	auf	ann	aun	in
agam	akam	bei mir	orm	orrem	auf mir	annam	annam	in mir
agad	akat	bei dir	ort	orscht	auf dir	annad	annad	in dir
aige	äke	bei ihm	air	ä[th]	auf ihm	ann	aun	in ihm
aice	ächke	bei ihr	oirre	orre	auf ihr	innte	iinschte	in ihr
againn	akinn	bei uns	oirnn	o[th]in	auf uns	annainn	annin	in uns
agaibh	akiw	bei euch	oirbh	o[th]iw	auf euch	annaibh	anniw	in euch
aca	achka	bei ihnen	orra	orra	auf ihnen	annta	aunta	in ihnen

Verhältniswörter

ri	ri	zu / mit
rium	rum	zu mir
riut	rut	zu dir
ris	risch	zu ihm
rithe	ri'e	zu ihr
ruinn	rinn	zu uns
ruibh	riw	zu euch
riutha	ru'a	zu ihnen

le	lä	mit
leam	läm	mit mir
leat	lät	mit dir
leis	läsch	mit ihm
leatha	lä'a	mit ihr
leinn	läin	mit uns
leibh	läiw	mit euch
leotha	leo'a	mit ihnen

do	do	zu
dhomh	gho	zu mir
dhut	ghut	zu dir
dha	gha	zu ihm
dhi	ji	zu ihr
dhuinn	ghuin	zu uns
dhuibh	ghuiw	zu euch
dhaibh	ghaiw	zu ihnen

'S e duine gasda a th' ann.
schä dünje gasda a haun
ist er Mann nett welcher ist in-er
Er ist ein netter Mann.

'S e oileanach a th' annam.
schä ollanach a hannam
ist Student welcher ist in-ich
Ich bin Student.

Coinnichidh mi riut air an aiseag.
konnichi mi rut äth an aschäk
werde-treffen ich zu-du auf der³ ° Fähre³
Ich werde dich auf der Fähre treffen.

Fuirich orm!
futhich orrem
warte auf-ich
Warte auf mich!

Tapadh leat / leibh!
tachpa lät / läiw
Dank mit-du / mit-ihr
Danke dir / Ihnen!

Is toil leam coiseachd.
is toll läm koschachk
ist Wunsch mit-ich Wandern
Ich möchte wandern.

Thoir dhomh an cupa!
hooth gho an kuchpa
gib zu-ich die Tasse
Gib mir die Tasse!

Seo sùgh orains dhut!
scho ssuu orinsch ghut
dies Saft Apfelsine zu-du
Hier ist Apfelsinensaft für dich!

dà fhichead 's a h-aon deug

Besitzanzeigende Fürwörter

Besitzanzeigende Fürwörter

Schottisch-Gälisch hat zwei Möglichkeiten, Besitz oder Zugehörigkeit anzuzeigen: Verwandte oder persönliche Gegenstände (natürlich auch unser Liebstes ... – das Auto) werden mit den folgenden besitzanzeigenden Fürwörtern, die dem zugehörigen Hauptwort immer vorangestellt sind, bezeichnet. Die mit ° gekennzeichneten besitzanzeigenden Fürwörter lösen eine Lenition am darauffolgenden Hauptwort aus (falls dieses lenierbar ist).

vor Mitlaut		vor Selbstlaut		
mo°	mo	m'°	m-	mein
do°	do	d'°	d-	dein
a°	a	–	–	sein
a	a	a h-	a h-	ihr
ar	ar	ar n-	ar n-	unser
ur	ur	ur n-	ur n-	euer
vor b, p, f, m		**vor allen anderen**		
am	am	an	an	ihr *(Mz)*

Das besitzanzeigende Fürwort ur (euer) wird manchmal auch bhur geschrieben.

Das war die Trockenübung, jetzt kommen zwei Beispiele, an denen man ablesen kann, wie die besitzanzeigenden Fürwörter funktionieren:

Hauptw. beginnt m. lenierbarem Mitlaut			Hauptwort beginnt m. Selbstlaut		
càr	kaar	Auto	athair	aheth	Vater
mo chàr	mo chaar	mein Auto	m' athair	maheth	mein Vater
do chàr	do chaar	dein Auto	d' athair	daheth	dein Vater
a chàr	a chaar	sein Auto	athair	aheth	sein Vater
a càr	a kaar	ihr Auto	a h-athair	a haheth	ihr *(Ez)* Vater
ar càr	ar kaar	unser Auto	ar n-athair	ar naheth	unser Vater
ur càr	ur kaar	euer Auto	ur n-athair	ur naheth	euer Vater
an càr	an kaar	ihr Auto	an athair	anaheth	ihr *(Mz)* Vater

Haben & Besitzen

Ar n-athair a tha air neamh ...
ar nahe[th] a ha ä[th] näw ...
unser Vater welcher ist auf Himmel ...
Vater unser im Himmel ...
(Beginn des Vater Unser)

m' athair 's mo mhàthair
mahärsmowaahe[th]
mein° Vater und meine° Mutter
meine Eltern

Daneben drückt das Gälische hauptsächlich Besitz durch eine Zusammensetzung von persönlichen Fürwörtern und dem Verhältniswort aig (bei) aus (vgl. a. nächstes Kapitel).

an duine agam
an dünje akam
der Mann bei-ich
mein Mann

a' bhean agad
a wän akat
die° Frau bei-du
deine Frau

an taigh aige
an tai äke
das Haus bei-er
sein Haus

an rothair aice
an rohe[th] ächke
das Fahrrad bei-sie(Ez)
ihr Fahrrad

Haben & Besitzen

Das Verb „haben" gibt es nicht im Schottisch-Gälischen. Etwas „haben" im Sinne von „besitzen" (etwa einen Gegenstand) wird mit dem Hilfsverb bi (sein) und dem Verhältniswort aig (bei) ausgedrückt. Und so funktioniert es:

> **tha ...** (Hauptwort) **aig ...** (Person) = haben
> *ist ... bei ...*

Tha Gàidhlig aig Màiri.
ha Gaalik äk Maa[th]i
ist Gälisch bei Màiri
Mary kann („hat") Gälisch.

Bha càr aig an athair.
wa kaar äk an ahe[th]
war Auto bei dem³° Vater³
Der Vater hatte ein Auto.

Besitzanzeigende Fürwörter

Tha Gearmailtis aig a' bhodach.
ha Gerremaltschisch äk a wottach
ist Deutsch bei dem[3]° alten-Mann[3]
Der alte Mann kann Deutsch.

A bheil seòmar agaibh airson a-nochd? Tha. Chan eil.
a wäil schoomer akiw ärsson a-nock   ha   chan jäil
FP ist Zimmer bei-ihr für heute-Abend   ist   nicht° ist
Haben Sie ein Zimmer für heute Abend?   Ja.   Nein.

„Befindlichkeiten haben" drückt man mit dem Verb bith *(sein)* und dem Verhältniswort air *(auf)* aus.

| **acras** | achkras | Hunger | **pathadh** | pa'agh | Durst |
| **cabhag** | kafak | Eile | **eagal** | äkal | Angst |

Tha an t-acras orm.
ha an tachkras orrem
ist der Hunger auf-ich
Ich habe Hunger.

Tha am pathadh air Màiri.
ha am pa'agh äth Maathi
ist der Durst auf Màiri
Mary hat Durst.

Tha cabhag orra.
ha kafak orra
ist Eile auf-sie(Mz)
Sie sind in Eile.

Tha an t-eagal oirnn.
ha an tschäkel othin
ist die Angst auf-wir
Wir haben Angst.

Wenn einer (ganz allein!) etwas besitzt, kommt das Verhältniswort le lä *(mit)* ins Spiel. Dabei wird diese Konstruktion eigentlich nur auf die direkte Frage nach Besitz angewandt. In der Antwort wird eine betonte Form verwendet, d. h. die Endung -sa angehängt.

Cò leis a tha an leabhar?
ko läsch a ha an ljo'or
wer mit-er das ist das Buch
Wem gehört das Buch?

Is leamsa e.
is liomsa ä
ist mit-ich er
Es gehört mir.

Is le Seamus e.
is lä Schäimes ä
ist mit James er
Es gehört James.

Müssen, Wollen, Können, Dürfen, Sollen

Die deutschen Modalverben „sollen, dürfen, können, wollen, müssen" werden im Schottisch-Gälischen mit Hilfe feststehender Ausdrücke gebildet.

| **feumaidh** + pers. Fürwort + Tätigkeitshauptwort | **müssen, benötigen** |

Feumaidh mi falbh.   **Feumaidh mi airgead.**
feemi mi fallaw   feemi mi ä^theget
müssen ich Weggehen   *benötigen-werden ich Geld*
Ich muss gehen.   Ich brauche Geld.

Am feum thu falbh?   **Feumaidh.**   **Chan fheum.**
am feem u fallaw   feemi   chan eem
FP müssen du Weggehen   *muss*   *nicht° muss*
Musst du gehen?   Ja.   Nein.

| **bu toil le** + Person + Satzergänzung | **wollen, möchte(n)** |

Bu toil le Seòras botal uisge-beatha.
bu toll le Schooras bochtall üschke-bäha
wäre Wunsch mit Seòras Flasche Wasser-Leben
George möchte eine Flasche Whisky.

| **is urrainn do** + pers. Fürwort (Verschmelzung) / Person (leniert) + Tätigkeitshauptwort | **können (erlernte Fähigkeit)** |

'S urrainn dhomh snàmh.   **An urrainn dhut dannsa?**
ssurrinn gho snaaw   an urrinn ghut daunssa
ist Fähigk. zu-ich Schwimmen *FP-ist Fähigk. zu-du Tanzen*
Ich kann schwimmen.   Kannst du tanzen?

'S urrainn do Thòmas a' phìob a chluich.
ssurrinn do Hoomas a fiip a chluich
ist Fähigkeit zu° Thomas die° Dudelsack zu° Spielen
Thomas kann Dudelsack spielen.

Müssen, Wollen, Können, Dürfen, Sollen

können
(in der Lage sein / Möglichkeit)

Hier werden die Zukunftsformen des Verbs benutzt. Die Zukunft kann im Gälischen nämlich auch die bloße Möglichkeit einer Handlung ausdrücken.

Am faigh mi bracaist a-nis?
am fai mi brachkischt a-nisch
FP bekommen-werden ich Frühstück jetzt
Kann ich jetzt Frühstück bekommen?

dürfen

faodaidh + Person + Tätigkeitshauptwort

Faodaidh e òl.   **Chan fhaod e ithe.**
füoti ä ool   chan üot ä iche
dürfen-werden er Trinken   *nicht° dürfen-werden er Essen*
Er darf trinken.   Er darf nicht essen.

Am faod mi coimhead air an telebhisean?
am füot mi koijet äth an telewischän
FP dürfen-werden ich Schauen auf den³° Fernseher³
Darf ich Fernsehen gucken?

Faodaidh.   **Chan fhaod.**
füoti   chan üot
dürfen-werden   *nicht° dürfen-werden*
Ja.   Nein.

sollen

bu chòir do + pers. Fürwort (Verschmelzung) / Person (leniert) + Tätigkeitshauptwort

Bu chòir do Mhàiri an leabhar a cheannachd.
bu choor do Waathi an ljo'or a cheannachk
wäre recht zu° Màiri das Buch zu° Kaufen
Mary sollte das Buch kaufen.

Fragen mit Fragewörtern

Wie auch im Deutschen kann man im Schottisch-Gälischen zwei Sorten Fragen unterscheiden:

Die **Entscheidungsfragen**, auf die man mit Nein und Ja antwortet, werden in den Kapiteln, die das Verb betreffen, erklärt, da man mit den jeweiligen Verbformen antworten muss.

Ergänzungsfragen werden immer durch ein Fragewort eingeleitet („wieso, weshalb, warum ..."). Im Gälischen fangen fast alle Fragewörter mit c- an. Der Fragesatz besteht fast immer aus einem Hauptsatz und einem Nebensatz, der durch das relative Fürwort a (welche, -r, -s), das vor dem Verb steht, verbunden wird. Oft wird das a in der Frage gar nicht gesprochen und auch nicht geschrieben. In allen Fragewörtern lauert wieder das Verb is (sein). Die Fragewörter sind zwar aus mehreren Wörtern entstanden, aber mittlerweile so verschmolzen, dass man sie besser als Ganzes lernt. In der folgenden Übersicht steht eine vollständige Wort-für-Wort-Übersetzung, die in den Beispielsätzen aber vereinfacht wird.

Wer Französisch kann, wird hier Ähnlichkeiten in der Konstruktionsweise erkennen.

Kleiner Hinweis zur Aussprache: Obwohl das Fragewort cò und auch cò às mit Akzent geschrieben werden, werden sie kurz ausgesprochen. In der weiterführenden Literatur findet man dazu auch die Begründung.

cò	ko	*wer*	wer (ist jemand)?
cò a	ko a	*wer-ist welcher*	wer (tut etwas)?
cò aig a	ko äk a	*wer-ist bei welcher*	wer (hat etwas)?
cò leis a	ko läsch a	*wer-ist mit-er welcher*	wem (gehört etwas)?
cò às a	ko ass a	*was-ist aus welcher*	woher?
cuine a	kuin a	*was-ist-Zeit welche*	wann?
ciamar a	kimmer a	*was-wie welcher*	wie?
carson a	karssonn a	*was-zum-Wohle welcher*	warum?
cia mheud a	ki wiat a	*was-ist Menge welcher*	wie viel? *(+ Ez)*
càite a	kaatsch a	*was-ist-Ort welcher*	wo?, wohin?
dè cho fad 's a	dschee cho fats a	*was so lange und welcher*	wie lange?
dè a	dschee a	*was-ist welcher*	was?

Fragen mit Fragewörtern

Cò thusa?
ko ussa
wer du
Wer bist du?

Is mise Crìsdean.
is mische Kriischdschen
ist ich Crìsdean
Ich bin Christoph.

Cò (a) rinn sinn?
ko (a) reinn schinn
wer (welcher) tat jenes
Wer hat das getan?

Rinn Susaidh e.
reinn Ssussi ä
tat Susi es
Susi hat das getan.

Cò aig a tha an càr?
ko äk a ha an kaar
wer bei (-) ist das Auto
Wer hat das Auto?

Tha e aig mo charaid.
ha ä äk mo charidsch
ist er bei mein° Freund³
Mein Freund hat es.

Cò leis a tha am bàta?
ko läsch a ha am baata
wer mit (-) ist das Boot
Wem gehört das Boot?

Is leamsa / le Màiri e.
is liomssa / lä Maaᵗʰⁱ ä
ist mit-ich / mit Màiri er
Es gehört mir / Mary.

Achtung: Bei allen Fragen folgt auf die Relativpartikel a die Aussageform des Verbs. Einzige Ausnahme ist càite a *kaatsch a (wo). Hier folgt die abhängige Form. Nach allen Fragewörtern, auf die die Relativpartikel a folgt, steht bei Bezug auf die Zukunft das relative Futur. Einzige Ausnahme ist wiederum* càite a *kaatsch a (wo).*

Cò às a tha sibh?
ko ass a ha schiiw
wer aus (-) ist ihr
Woher kommt Ihr / kommen Sie?

Tha mi às a' Ghearmailt.
ha mi ass a Jerremaltsch
ist ich aus die³° Deutschl.³
Ich bin aus Deutschland.

Ciamar a tha thu?
kimmer a ha u
wie (-) ist du
Wie geht es dir?

Tha mi glè mhath.
ha mi glee wa
ist ich sehr° gut
Mir geht es sehr gut.

Càite a bheil thu a' fuireach?
kaatsch a wäil u a fuᵗʰach
wo (-) ist du bei Wohnen
Wo wohnst du?

Tha mi a' fuireach ann an ...
ha mi a fuᵗʰach aun an ...
ist ich bei Wohnen in (-) ...
Ich wohne in ...

dà fhichead 's a h-ochd deug

Fragen mit Fragewörtern

Cuine a bhios tu aig an taigh?
kuin a wias tu äk an tai
wann (-) werden-sein du bei das³° Haus³
Wann wirst du zu Hause sein?

Bidh mi ann aig còig uairean.
bii mi aun äk kooik ua^th en
werden-sein ich in bei fünf Stunden
Ich werde um 5 Uhr da sein.

Dè cho fad 's a tha e gu Loch Baghasdal?
dschee cho fats a ha ä gu Loch Ba'asdal
was so lange und welche ist es nach Lochb. (-)
Wie weit ist es nach Lochboisdale?

Tha e ceithir mìle gu Loch Baghasdal.
ha ä kehi^th miile gu Loch Ba'asdal
ist es vier Meilen nach Lochboisdale (-)
Es sind vier Meilen bis nach Lochb.

Dè a tha thu a' dèanamh a-nochd?
dschee hu a dscheeanaw a-nochk
was (-) ist du bei Machen heute-Abend
Was machst du heute Nacht?

Tha mi a' dol a-mach.
ha mi a doll a-mach
ist ich bei Gehen nach-draußen
Ich gehe aus.

Cuine a bhios tu anns an taigh-òsda?
kuin a wias tu auns an tai-oosta
wann (-) sein-werden du in dem³° Haus-Gast³
Wann wirst du in der Kneipe sein?

Jetzt müssen Sie aufpassen: Nach cia mheud ki wiat (wie viel) steht das Hauptwort immer in der Einzahl!

Cia mheud leabhar a cheannaich thu?
ki wiat ljo'or a cheannich u
was Menge Buch welche kaufte du
Wie viele Bücher hast du gekauft?

Cheannaich mi trì.
cheannich mi trii
kaufte ich drei
Drei.

Bindewörter

Viele Bindewörter werden wie im Deutschen benutzt, wie zum Beispiel die folgenden. Sie verbinden zwei Aussagesätze.

Bindewörter + Aussageform

agus / is	ages / is	und	**ach**	ach	aber
no	no	oder	**oir**	ooth	weil

An toil leat tì no cofaidh?
an toll lät tii no koffi
ist Wunsch mit-du Tee oder Kaffee
Willst du Tee oder Kaffee?

Cha robh mi a' coiseachd oir bha i fuar.
cha roo mi a koschachk ooth bha i fuar
nicht° war ich bei Wandern weil war es kalt
Ich war nicht wandern, weil es kalt war.

Bindewörter + abhängige Form

gu / gun / gum	gu / gun / gum	dass
nach	nach	dass nicht
air sgàth 's gu / gum	äth skaas gu / gum	weil
air sgàth 's nach	äth skaas nach	weil nicht

Diese Bindewörter verlangen, dass das Verb zu Beginn des nachfolgenden Nebensatzes in der abhängigen Form steht.

Tha mi cinnteach gum bi mi a' tilleadh do dh' Alba.
ha mi kiintschach gum bi mi a' tschiljak do Ghallepa
ist ich sicher dass wird-sein ich bei Zurückkehren zu° (-) Schottland
Ich bin sicher, dass ich nach Schottland zurückkehren werde.

Die folgenden Bindewörter stehen immer mit dem relativen Fürwort a. Danach folgt die Aussageform des Verbs. In der Zukunft muss die Form des relativen Futurs benutzt werden.

Bindewörter

ged a	get a	obwohl
nuair a	nuath a	als
cho luath's a	cho luas a	sobald

Bindewörter + a **+ Aussageform**

Nuair a bha mi ann an Uibhist bha mi ag ionnsachadh Gàidhlig.
nuath a wa mi aun an Uischt wa mi ak iunsachagh Gaalik
als (-) war ich in Uist war ich bei Lernen Gälisch
Als ich in Uist war, lernte ich Gälisch.

Werden Bindewörter mit dem relativen Fürwort a mit Bezug auf die Zukunft benutzt, folgt anschließend das relative Futur.

Haggis ist eine Art Pastete, bestehend aus Schafsinnereien, Hafermehl und Gewürzen, die in einem Schafsmagen gekocht werden – sozusagen eine Art schottischer Saumagen – und kann sehr lecker sein.

Ged a dh' itheas mi taigeis, chan fhàs mi tiugh.
get a ghiches mi tagesch, chan aas mi tschiu
obwohl (-) (-) essen-werde ich Haggis nicht° wachsen-werden ich dick
Obwohl ich Haggis esse, werde ich nicht dick.

Mit den Bindewörtern gu (dass) und nach (dass nicht) verschmilzt das Verb is (sein) so, dass man davon gar nichts mehr sieht:

Bindewörter + das Verb is

gu (dass)	**+ is** (ist)	**= gur** (dass-ist)
nach (dass-nicht)	**+ is** (ist)	**= nach** (dass-nicht-ist)

Tha fios agam gur toil leat bradan.
ha fiss akam gur toll lät brattan
ist Wissen bei-mir dass-ist Wunsch mit-dir Lachs
Ich weiß, dass du Lachs magst.

Thuirt e nach e sin an rathad ceart.
hurscht ä nach ä schinn an ra'at kearscht
sagte er dass-nicht-ist jenes die Straße richtig
Er sagte, dass dies nicht die richtige Straße sei.

trì fichead 's a h-aon | 61

Zahlen & Zählen

Versuche Sie nicht, auf Gälisch eine Summe von z. B. 167,35 Pfund in einem Laden zu zahlen und dann das Rückgeld auf Gälisch nachzuzählen! Die Schlange hinter Ihnen wird Ihre Bemühungen sicherlich nicht angemessen würdigen!

Auch bei den Zahlen haben Sie keine Chance, sich zurückzulehnen, denn hier wird es nochmal richtig kniffelig. Traditionellerweise zählte und zählt man bis heute in Zwanzigern (ähnlich wie teilweise im Französischen). Daneben wurde für die Schule das Zehnersystem eingeführt, welches aber außerhalb der Schule kaum Verbreitung gefunden hat. Oft finden Gälen ihre eigenen Zahlen so kompliziert, dass sie einfach die englischen benutzen! Das können Sie im Zweifelsfalle auch tun.

Grundzahlen

Je nachdem, wozu man die Zahlen braucht, benutzt man unterschiedliche Systeme.

Grundzahlen
Die Grundzahlen (ohne Hauptwort) benutzt man, wenn man z. B. seine Telefonnummer mitteilen möchte.

Das a oder a h- in den Zahlwörtern hat keinerlei grammatische Bedeutung, sondern vereinfacht lediglich die Aussprache. Von 11 bis 19 wird der Grundzahl deug dschiak (ähnlich engl. „-teen") nachgestellt. Achtung: dà daa (zwei) leniert hier und wird selbst durch das vorangestellte a leniert.

0	**neoni**	njonni			
1	**a h-aon**	a hüon	11	**a h-aon deug**	a hüon dschiak
2	**a dhà**	a ghaa	12	**a dhà dheug**	a ghaa jiak
3	**a trì**	a trii	13	**a trì deug**	a trii dschiak
4	**a ceithir**	a kehi[th]	14	**a ceithir deug**	a kehi[th] dschiak
5	**a còig**	a kooik	15	**a còig deug**	a kooik dschiak
6	**a sia**	a schia	16	**a sia deug**	a schia dschiak
7	**a seachd**	a scheachk	17	**a seachd deug**	a scheachk dschiak
8	**a h-ochd**	a hochk	18	**a h-ochd deug**	a hochk dschiak
9	**a naoi**	a nüoi	19	**a naoi deug**	a nüoi dschiak
10	**a deich**	a dschäich	20	**fichead**	fichet

Zahlen & Zählen

Das Zahlwort aon (1) leniert das folgende Hauptwort außer bei d, t und s. Dà (2) leniert das folgende Hauptwort (soweit möglich), das (man beachte!) in der Einzahl stehen bleibt! Von trì (3) bis deich (10) steht das gezählte Hauptwort in der Mehrzahl. Um zu verdeutlichen, wie das Hauptwort sich verändert und wo es stehen muss, werden hier Boote gezählt.

Gegenstände zählen
Im Prinzip handelt es sich hierbei eigentlich um die alte Zweizahl (Dual), die aber bei der Mehrheit der Wörter mit der Einzahl identisch ist.

aon bhàta	üon waata	1
eins° Boot		
dà bhàta	daa waata	2
zwei° Boot		
trì bàtaichean	trii baatichen	3
drei Boote		
ceithir bàtaichean	kehi[th] baatichen	4
còig bàtaichean	kooik baatichen	5
sia bàtaichean	schia baatichen	6
seachd bàtaichean	schächk baatichen	7
ochd bàtaichean	ochk baatichen	8
naoi bàtaichean	nüoi baatichen	9
deich bàtaichean	dschäich baatichen	10

aon bhàta deug	üon waata dschiak	11
eins° Boot zehn		
dà bhàta dheug	daa waata jiak	12
zwei° Boot zehn		
trì bàtaichean deug	trii baatichen dschiak	13
drei Boote zehn		
ceithir bàtaichean deug	kehi[th] baatichen dschiak	14
còig bàtaichean deug	kooik baatichen dschiak	15
sia bàtaichean deug	schia baatichen dschiak	16
seachd bàtaichean deug	scheachk baatichen dschiak	17
ochd bàtaichean deug	ochk baatichen dschiak	18
naoi bàtaichean deug	nüoi baatichen dschiak	19
fichead bàta	fichet baata	20
zwanzig Boot		

trì fichead 's a trì

Zahlen & Zählen

21	**aon bhàta air fhichead**	öun waata äth ichet
	eins° Boot auf° zwanzig	
22	**dà bhàta air fhichead**	daa waata äth ichet
	zwei° Boot auf° zwanzig	
23	**trì bàtaichean air fhichead**	trii baatichen äth ichet
(usw. bis 29)	*drei Boote auf° zwanzig*	
30	**deich bàtaichean air fhichead**	dschäich baatichen äth ichet
	zehn Boote auf° zwanzig	
31	**aon bhàta deug air fhichead**	üon waata dschiak äth ichet
	eins° Boot zehn auf° zwanzig	
32	**dà bhàta dheug air fhichead**	daa waata jiak äth ichet
	zwei° Boot zehn auf° zwanzig	
33	**trì bàtaichean deug air fhichead**	trii baatichen dschiak äth ichet
(usw. bis 39)	*drei Boote zehn auf° zwanzig*	

Ab 40 ändert sich das Muster: *„2 x 20 Boot"* sind 40 Boote. *„2 x 20 Boot und 1"* sind 41 Boote. Alle Hauptwörter stehen ab jetzt in der Einzahl und werden nie mehr leniert!

40	**dà fhichead bàta**	daa ichet baata
	zwei° zwanzig Boot	
41	**dà fhichead bàta 's a h-aon**	daa ichet ... ssa hüon
	zwei° zwanzig Boot und (-) eins°	
42	**dà fhichead bàta 's a dhà**	daa ichet baata ssa gha
	zwei° zwanzig Boot und (-) zwei°	
43	**dà fhichead bàta 's a trì**	daa ichet baata ssa trii
	zwei° zwanzig Boot und (-) drei	
44	**dà fhichead bàta 's a ceithir**	daa ichet baata ssa kehith
	zwei° zwanzig Boot und (-) vier	
45	**dà fhichead bàta 's a còig**	daa ichet baata ssa kooik
	zwei° zwanzig Boot und (-) fünf	
46	**dà fhichead bàta 's a sia**	daa ichet baata ssa schia
	zwei° zwanzig Boot und (-) sechs	

Zahlen & Zählen

dà fhichead bàta 's a seachd	daa ichet baata ssa scheachk	**47**
zwei° zwanzig Boot und (-) sieben		
dà fhichead bàta 's a h-ochd	daa ichet baata ssa hochk	**48**
zwei° zwanzig Boot und (-) acht		
dà fhichead bàta 's a naoi	daa ichet baata ssa nüoi	**49**
zwei° zwanzig Boot und (-) neun		

dà fhichead bàta 's a deich	daa ichet baata ssa dschäich	**50**
zwei° zwanzig Boot und (-) zehn		
dà fhichead bàta 's a h-aon deug	daa ichet baata ssa hüon dschiak	**51**
zwei° zwanzig Boot und (-) ein zehn		
dà fhichead bàta 's a dhà dheug	daa ichet baata ssa gha jiak	**52**
zwei° zwanzig Boot und (-) zwei° zehn		
dà fhichead bàta 's a trì deug	daa ichet baata ssa trii dschiak	**53**
zwei° zwanzig Boot und (-) drei zehn		
trì fichead bàta	trii fichet baata	**60**
drei zwanzig Boot		
trì fichead bàta 's a h-aon	trii fichet baata ssa hüon	**61**
drei zwanzig Boot und (-) eins°		
trì fichead bàta 's a dhà	trii fichet baata ssa gha	**62**
drei zwanzig Boot und (-) zwei°		
trì fichead bàta 's a trì	trii fichet baata ssa trii	**63**
drei zwanzig Boot und (-) drei		
trì fichead bàta 's a deich	trii fichet baata ssa dschäich	**70**
drei zwanzig und (-) zehn Boot		
trì fichead bàta 's a h-aon deug	trii fichet baata ssa hüon dschiak	**71**
drei zwanzig Boot und (-) ein zehn		
ceithir fichead bàta	kehi[th] fichet baata	**80**
vier zwanzig Boot		
ceithir fichead bàta 's a deich	kehi[th] fichet baata ssa dschäich	**90**
vier zwanzig Boot und (-) zehn		

Auch bei den Zahlen ab 100 steht der zu zählende Gegenstand immer in der Einzahl. Bei den Zahlwörtern für 200, 300, 400 und 500 wird ceud leniert.

Zahlen & Zählen

100	**ceud bàta** *hundert Boot*	kiat baata
200	**dà cheud bàta** *zwei° hundert Boot*	daa chiat baata
300	**trì cheud bàta** *drei° hundert Boot*	trii chiat baata
400	**ceithir cheud bàta** *vier° hundert Boot*	kehith chiat baata
1000	**mìle bàta** *tausend Boot*	miile baata
2000	**dà mhìle bàta** *zwei° tausend Boot*	daa wiile baata
3000	**trì mìle bàta** *drei tausend Boot*	trii miile baata
1 Mio.	**millean bàta** *Million Boot*	milljen baata

Personen zählen Wenn man eine Anzahl von Personen benennen möchte, muss man teilweise anders vorgehen. Eine bis zehn Personen können im Schottisch-Gälischen nicht mit den Grundzahlen gezählt werden. Der Gäle begreift diese Menschen als eine zu zählende Gruppe. Das klingt übersetzt etwa wie „zweie der Männer" usw. Ab 11 werden dann aber wieder die Grundzahlen benutzt.

Nach diesen Personenzahlwörtern steht immer der 2. Fall Mehrzahl, und der wird leniert.

aonan	üonan	Eine/r (alleine)
dithis	dschi'isch	Zwei
triùir	truur	Drei
ceathrar	kerar	Vier
còignear	kooignar	Fünf
sianar	schianar	Sechs
seachdnar	scheachknar	Sieben
ochdnar	ochknar	Acht
naoinear	nöuinar	Neun
deichnar	dschäichnar	Zehn

trì fichead 's a sia

Zahlen & Zählen

Bha dithis anns an taigh-seinnse.
wa dschi'isch auns an tai-schäinnsche
waren Zwei in dem³° Haus-Kneipe³
Es waren zwei in der Kneipe.

Bha triùir chloinne an-seo.
wa truur chloinnje an-scho
waren Drei Kinder² hier
Es waren drei Kinder hier.

Seit einigen Jahren lernen Kinder in der Schule die Zahlen im Dezimalsystem. Das sieht zwar einfach aus, hat aber einen Nachteil: Fast niemand außerhalb der Schule benutzt diese Zahlen, weswegen wir hier auch darauf verzichten.

Ordnungszahlen

Mit den Ordnungszahlen zählt man Gegenstände und Personen, d. h. hier wird kein Unterschied wie bei den Grundzahlen gemacht.

Um die Ordnungszahlen zu bilden, benutzt man die leicht veränderten Grundzahlen und hängt die Endung -amh / -eamh an. Eine Ausnahme bilden die Ordnungszahlen 1. bis 3. Darüber hinaus wird den Ordnungszahlen der Artikel an vorangestellt. Ausnahmen sind „der erste" – hier wird leniert, und der Artikel lautet a' – sowie die Zahlwörter, die mit einem Selbstlaut beginnen – hier lautet der Artikel an t-. Beginnen die Zahlwörter mit p, b, f oder m, lautet der Artikel am. Das zugehörige Hauptwort steht immer in der Einzahl.

a' chiad fhear *der erste° Mann*	a chiad är	der 1. Mann
an dàrna fear *der zweite Mann*	an daarna fär	der 2. Mann
an treas fear *der dritte Mann*	an tress fär	der 3. Mann
an ceathramh fear *der vierte*	an kärew fär	der 4. Mann

Als Beispiel muss hier der „Mann" (fear fär) herhalten. Für „der / die zweite" kann man auch an dara hören.

trì fichead 's a seachd | **67**

Zeit & Datum

der 5. Mann	**an còigeamh fear**	an kooigew fär
der 6. Mann	**an siathamh fear**	an si'ew fär
der 7. Mann	**an seachdamh fear**	an seachkew fär
der 8. Mann	**an t-ochdamh fear**	an tochkew fär
der 9. Mann	**an naoidheamh fear**	an nöui'ew fär
der 10. Mann	**an deicheamh fear**	an dschäichew fär

der 11. Mann	**an t-aona fear deug**	an tüona fär dschiak
	der erste Mann zehn	
der 12. Mann	**an dàrna fear deug**	an daarna fär dschiak
	der zweite Mann zehn	
der 20. Mann	**am ficheadamh fear**	am fichedaw fär
	der zwanzigste Mann	
der 21. Mann	**an t-aona fear fichead**	an tüona fär fichet
	der erste Mann zwanzig	
der 40. Mann	**an dà fhicheadamh fear**	an daa ichedaw fär
	der zwei° zwanzigste Mann	
der 41. Mann	**an dà fhicheadamh fear 's a h-aon**	an daa ichedaw fär ssa hüon
	der zwei° zwanzigste Mann und (-) eins	

Zeit & Datum

Im Schottisch-Gälischen wird der Tag in zweimal zwölf Stunden eingeteilt. Eine Uhrzeit wie 23 Uhr wird im Gälischen mit „11 Uhr abends" formuliert. Es wird zwischen 'sa mhadainn ssa wattin (morgens), abgekürzt m, bis 12 Uhr mittags, und feasgar fäsker (abends), abgekürzt f, unterschieden. Dies entspricht dem im Englischen gebrauchten Zusatz „a.m." (latein. „ante meridiem") und „p.m." (latein. „post meridiem").

Zeit & Datum

Dè an uair a tha e?   **Tha e uair.**
dschcc an ua[th] a ha ä   ha ä ua[th]
was die Stunde welche ist es   *ist es Stunde*
Wie spät ist es?   Es ist ein Uhr.

Tha e dà uair.   **Tha e trì uairean.**
ha ä daa ua[th]   ha ä trii ua[th]en
ist es zwei° Stunde   *ist es drei Stunden*
Es ist zwei Uhr.   Es ist drei Uhr.

Das geht so weiter bis 10 Uhr. Aber dann kommt:

Vorsicht bei 12 Uhr: Das Zahlwort dà *(zwei) leniert, wie wir bereits wissen. Deswegen muss es* dà ... dheug *heißen.*

Tha e aon uair deug.   **Tha e dà uair dheug.**
ha ä üon ua[th] dschiak   ha ä daa ua[th] jiak
ist es eins° Stunde zehn   *ist es zwei° Stunde zehn*
Es ist elf Uhr.   Es ist zwölf Uhr.

cairteal an-dèidh	karschtschel an-dschäi	Viertel nach
viertel nach		
cairteal gu	karschtschel gu	Viertel vor
viertel auf(-etwas-zu)		

Tha e cairteal an-dèidh ceithir uairean feasgar.
ha ä karschtschel an-dschäi kehi[th] ua[th]en fäsker
ist es viertel nach (-) vier Stunden Abend
Es ist 16 Uhr 15.

leth uair an-dèidh   **Tha e leth uair an-dèidh aon uair deug.**
lä ua[th] an-dschäi   ha ä lä ua[th] an-dschäi üon ua[th] dschiak
halb Stunde nach (-)   *ist es halb Stunde nach (-) eins Stunde zehn*
halb ...   Es ist halb zwölf.

mionaid	minadsch	Minute
mionaidean	minadschen	Minuten

Tha am bus a' falbh aig còig mionaidean gu sia.
ha am bass a fallaw äk kooik minadschen gu schia
ist der Bus bei-Weggehen bei fünf Minuten auf sechs
Der Bus fährt um fünf vor sechs.

Halbe Stunden werden zur vollen Stunde dazugezählt.

trì fichead 's a naoi | **69**

Zeit & Datum

Bidh e ann an Glaschu aig deich mionaidean an-dèidh aon uair deug.
bii ä aun an Glassechu äk dschäich minadschen an-dschäi üon ua[th] dschiak
sein-werden er in Glasgow bei zehn Minuten nach eins° Stunde zehn
Er wird um zehn nach elf in Glasgow sein.

Tha e meadhan-latha.	**Tha e meadhan-oidhche.**
ha ä me'an-la'a	ha ä me'an-oiche
ist es Mitte-Tag	*ist es Mitte-Nacht*
Es ist Mittag.	Es ist Mitternacht.

allgemeine Zeitangaben

Die allgemeinen Zeitangaben können Sie als feste Ausdrücke an den Anfang oder das Ende eines Satzes stellen.

Bidh cèilidh ann an ath h-oidhche.
bii keeli aun an a hoiche
sein-werden Fest in die nächste° Nacht
Morgen Abend gibt es ein „Cèilidh".

Bidh mi a' tadhal air na h-eileanan airson mìos.
bii mi a ta'al ä[th] na hällanen ärsson miios
sein-werden ich bei Bereisen auf die Inseln zum-Wohle-von Monat
Ich werde die Inseln für einen Monat bereisen.

latha *(m)*	la'a	Tag
seachdain *(w)*	scheachkin	Woche
deireadh- seachdaine *(m)*	dscheeragh- scheachkinje	Wochenende
Ende-Woche		
mìos *(w)*	miios	Monat
bliadhna *(w)*	bliana	Jahr
linn *(m)*	liin	Jahrhundert

Zeit & Datum

an-dràsda	an-draasta	im Moment
an-diugh	an-dschiu	heute
an-dè	an-dschee	gestern
a bhòn-dè	a won-dschee	vorgestern
a-màireach	a-maathach	morgen
an-earar	an-ärer	übermorgen
a bhòn-raoir	a won-röueth	vorgestern Abend
an-raoir	a-röueth	gestern Abend
an ath h-oidhche *die nächste Nacht*	an a hoiche	morgen Abend / Nacht
an treas oidhche *die dritte Nacht*	an tress oiche	übermorgen Nacht
fad an latha *Länge des² Tages²*	fatt an la'a	den ganzen Tag
am bliadhna	am bliana	dieses Jahr
an uiridh	a nuthi	letztes Jahr
an ath-bhliadhna *das nächste°-Jahr*	an a-wliana	nächstes Jahr
an t-seachdain seo *die° Woche dies*	an tscheachkin scho	diese Woche
an t-seachdain sa chaidh *die° Woche dies ging*	an tscheachkin ssa chai	letzte Woche
an ath-sheachdain *die nächste°-Woche*	an a-heachkin	nächste Woche
nise, a-nis	nische, a-nisch	jetzt
an uair sin *in Stunde jene*	an urschinn	dann
riamh	riaw	nie *(in der Vergangenheit)*
gu brath	gu braach	nie *(in der Zukunft)*
daonnan, an comhnaidh	düonan, an gooni	immer
gu tric	gu trichk	oft
a dh' aithghearr	a ghaichjar	bald

Da es sich bei den Zeitangaben um feststehende Ausdrücke handelt, macht es meistens keinen Sinn, diese wortwörtlich zu übersetzen. Lernen Sie sie lieber als vokabelmäßigen Begriff.

trì fichead 's a h-aon deug

Zeit & Datum

fhathast	ha'ast	schon
chan eil fhathast	chan jäil ha'ast	noch nicht
gu bhith	gu wi	fast
'sa mhadainn *in-dem³° Morgen³*	ssa wattin	morgens
meadhan-latha *Mitte-Tag*	me'an-la'a	mittags
'san fheasgar *in-dem³° Abend³*	ssan jäsker	abends
'san oidhche *in-der³° Nacht³*	ssan oiche	nachts

'sa / 'san sind Verschmelzungen des Verhältniswortes ann aun (in) mit dem bestimmten Artikel.

ceithir bliadhna air ais
kehi^th bliana ä^thasch
vier Jahre zurück
vor vier Jahren

o chionn trì mìosan
o chion trii miiosen
von Kopf drei Monate
seit drei Monaten

ann an cola deug
aun an kolla dschiak
in (-) vier-Tage zehn
in vierzehn Tagen

trì uairean a thìde
trii ua^then a hiidsche
drei Stunden der²° Zeit²
drei Stunden lang

Wochentage

Die Bedeutung der Wochentage im Schottisch-Gälischen beruht entweder auf mythologischer oder religiöser Überlieferung. Das Wörtchen Di Dschi leitet sich aus dem lateinischen „dies" (Tag) ab.

Heute werden die Wochentage oft auch in einem Wort geschrieben.

Di-Luain *Tag-(des-)Mondes*	Dschi-Luan	Montag
Di-Màirt *Tag-(des-)Mars*	Dschi-Maarscht	Dienstag
Di-Ciadain *Tag-(des-)ersten-Fastens*	Dschi-Kiadan	Mittwoch

Zeit & Datum

Di-Ardaoin	Dschardüon	Donnerstag
Tag-zwischen-zwei-Fasten		
Di-Haoine	Dschi-Hüonje	Freitag
Tag-(des-)Fastens		
Di-Sathairne	Dschi-Ssahanje	Samstag
Tag-(des-)Saturns		
Di-Dòmhnaich	Dschi-Doonich	Sonntag
Tag-(des-)Herrn		

In protestantischen Gegenden heißt der Sonntag Latha na Sàbaid La'a na Ssaabitsch *("Tag des Sabbats").*

Monatsnamen

Die Monatsnamen im Gälischen stehen immer mit dem bestimmten Artikel. Will man „im Januar" ausdrücken, benutzt man das Verhältniswort anns auns (im) und setzt den Monatsnamen samt seinem Artikel in den 3. Fall (Dativ). Hier muss natürlich auch wieder leniert werden (außer bei d / t).

anns an Fhaoilteach   **anns an Dàmhair**
auns an Uiltscheach   auns an Daaweth
in dem³° Januar³   *in dem³° Oktober³*
im Januar   im Oktober

am Faoilteach	am Fuiltscheach	Januar
an Gearran	an Gerran	Februar
am Màirt	am Maarscht	März
an Giblean	an Giblan	April
an Cèitean	an Keetschan	Mai
an t-Ògmhios	an Toogwios	Juni
an t-Luchar	an Tschiuchar	Juli
an Lunasdal	an Lunasdal	August
an t-Sultain	an Tultin	September
an Dàmhair	an Daaweth	Oktober
an t-Samhain	an Tauin	November
an Dùbhlachd	an Duulachk	Dezember

Ursprünglich basierten die gälischen Monatsnamen auf jahreszeitlichen Wetterlagen und bestimmten landwirtschaftlichen Jahresabschnitten, die nicht immer mit unserer Monatseinteilung übereinstimmten. Daher wurde eine bestimmte Jahreszeit erst mit ihrem Namen benannt, wenn auch das dazu passende Wetter eingetroffen war. Heute entsprechen sie den zwölf Monaten des Jahres.

trì fichead 's a trì deug | 73

Zeit & Datum

Festtage

saor-làithean ssüorla'en	Ferien
A' Bhliadhna Ùr A Wliana Uur	Neujahr
Là na Bliadhna Ùire Laa na Blia'na Uire	Neujahrstag
An Carghas An Karreghes	Fastenzeit
Di-Haoine Ceusda Dschi-Hüonje Keasta	Karfeitag
A' Chàisg A Chaaschk	Ostern
aig àm na Càisge äk aam na Kaaschke	zur Osterzeit
ugh na Càisge u na Kaaschke	Osterei
A' Changais A Changisch	Pfingsten
Là Bealltainn Laa Bjealtin	keltischer Sommeranfang (30.4 / 1.5.)
Oidhche Shamhna Oiche Hauna	keltischer Winteranfang / Neujahr (31.10 / 1.11.)
Fèill Anndrais Feell Aundrisch	St.-Andreas-Tag (30.11.)
Nollaig Nollek	Weihnachten
Là Nollaige Laa Nolleke	Weihnachtstag
aig àm na Nollaige äk aam na Nolleke	zur Weihnachtszeit
Oidhche Challain Oiche Challen	Hogmanay / Silvester

trì fichead 's a ceithir deug

Zeit & Datum

Jahreszeiten

an geamhradh *(m)*	an geauregh	der Winter
'sa gheamhradh	ssa jauregh	im Winter
an t-earrach *(m)*	an tschärrach	der Frühling
as t-earrach	ass tschärrach	im Frühling
an samhradh *(m)*	an ssauregh	der Sommer
as t-samhradh	ass tauregh	im Sommer
am foghar *(m)*	am fo'er	der Herbst
as t-fhoghar	ass to'er	im Herbst

Datum

Di-Sathairne an ceathramh latha am Faoilteach
Dschi-Ssahanje an keraw la'a am Fuiltscheach
Tag-(des-)Saturn der vierte Tag der Januar
Samstag, der 4. Januar

Datumsangaben bildet man mit den Ordnungszahlen, z. B. „der 4. Tag der Januar".

Wäre dieser Kauderwelsch-Band vor der Jahrtausendwende erschienen, hätten Sie auch noch sehr schöne Jahreszahlen lernen können. Aber glücklicherweise sind wir im 21. Jahrhundert angelangt.

naoi ceud deug ceithir fichead 's a h-ochd deug
nöui kiad dschiak kehi[th] fichets a hochk dschiak
neun hundert zehn vier zwanzig und (-) acht zehn
1998

dà mhìle   **dà mhìle 's a còig**
daa wiile   daa wiiles a kooik
zwei tausend   *zwei tausend und fünf*
2000   2005

anns a' bhliadhna dà mhìle 's a ceithir
auns a wliana daa wiiles a kehi[th]
in dem[3]° Jahr[3] zwei tausend und (-) vier
im Jahre 2004

Kurz-Knigge

Die Schotten lieben ihr Land und gehen selbstverständlich davon aus, dass Besucher dies ebenso tun. Die grandiose Landschaft und die Herzlichkeit der Bewohner machen dies allerdings auch sehr einfach. Sollten Sie sich die Mühe machen, Gälisch zu lernen und zu sprechen, öffnet sich Ihnen die Tür zu einer alten und faszinierenden Kultur. Zeigen Sie Interesse, ohne die Einheimischen zu überfordern. Zu oft sind in den vergangenen Jahrhunderten Besatzer oder Kolonisten über die gälischsprachige Bevölkerung hereingebrochen und haben ihr versucht beizubringen, was gut und richtig ist, bzw. was sie tun und lassen sollten. Als Tourist werden Sie mit wohlwollender Neugier, aber auch mit freundlicher Distanz konfrontiert.

Schottland unterscheidet sich in vielem von seinem englischen Nachbarn und legt auch großen Wert darauf. Es hat ein eigenes Rechts- und Erziehungssystem und ist ein dreisprachiges Land. Neben Englisch und Gälisch wird im Osten des Landes auch noch das dem Englischen und Deutschen verwandte Scots gesprochen.

Schottland ist ein **sicheres Reiseland.** Im Hochland und auf den Inseln werden oft die Haustüren nicht abgeschlossen, weil Kriminalität so gut wie unbekannt ist. In den Großstädten gibt es ähnlich wie bei uns Ge-

trì fichead 's a seachd deug

Kurz-Knigge

genden, wo man sein Laptop nicht unbedingt auf den Autorücksitz liegen lassen sollte. Aber dies sind auch nicht unbedingt die touristisch interessanten Ecken.

Religiöse Unterschiede können in Schottland sehr stark sein. Schottland ist größtenteils protestantisch, nur in einigen westlichen Gebieten und Inseln hat der Katholizismus die Reformation überstanden. Auf den Hebrideninseln und Skye ist an Eaglais Shaor an Äklisch Hüor (die Freikirche) sehr stark vertreten. Da dann am Sonntag jegliche weltliche Betätigung ruht, finden Sie auf Lewis oder Harris am Sonntag kein offenes Geschäft, alle Tankstellen sind zu, und eine Fähre fährt auch nicht. Wandern, Fischen und ähnliche Freizeitaktivitäten werden sonntags nicht gerne gesehen. Respektieren Sie bitte diese Sonntagsruhe. Auch wenn die Diskussion darüber teilweise erbittert geführt wird, sollten Sie sich höflich einer Meinung enthalten. Die Bevölkerung gibt sich dem ausführlichen Bibelstudium hin und besucht mehrmals am Tag die Kirche.

Wenn Sie zum **Wandern** nach Schottland kommen, können Sie grundsätzlich immer querfeldein wandern, da das Recht des freien Weges gilt. Eingezäunte Grundstücke lassen sich meistens durch ein Gatter betreten, welches hinterher unbedingt wieder geschlossen werden sollte. Im Zweifelsfalle fragen Sie die Einheimischen nach dem richtigen Weg.

Der Besuch eines gälischen Gottesdienstes, gleich welcher Konfession, ist empfehlenswert. In freikirchlichen Gottesdiensten werden wunderschöne Choräle gesungen, und in katholischen Messen ertönen ebenfalls hörenswerte Kirchenlieder. Sie werden nach der Messe bestimmt Gelegenheit haben, Ihr Gälisch auszuprobieren.

Besonders im Westen und Norden in den einsamen Gegenden gibt es lediglich **einspurige Straßen.** Sie sind ungefähr so breit wie unsere Feldwege, und alle Autos fahren in der Mitte. Etwa alle 300 Meter sind Ausweichstellen angelegt, so genannte *Passing Places*. Wer einer solchen Stelle am nächsten kommt, hält sich links und lässt den Gegenverkehr passieren. Die aneinander vorbeifahrenden Autofahrer grüßen sich dabei zum Dankeschön. Auch ist es üblich, schnelleren Fahrzeugen das Überholen an den *Passing Places* zu ermöglichen. Sollten Sie das Schild *Unsuitable for Caravans* sehen, dann ist das auch so. Sie bleiben mit Ihrem Wohnmobil an der nächsten Kurve hängen oder setzen auf. Und dann können Sie sich auch noch den Spott der *locals* anhören.

Übrigens: Schotten sind keinesfalls geizig. Allerdings wird darauf geachtet, dass Freigiebigkeit keine einseitige Sache bleibt (vgl. Kap. „Im Pub / Getränke").

Oft laufen **Schafe** im Hochland frei herum und liegen oder stehen auf der Straße. Fahren Sie langsam auf die Tiere zu und rechnen Sie keinesfalls damit, dass Schafe rechtzeitig weglaufen, wenn Sie heranbrausen. Auch Hupen hilft überhaupt nicht. Sollten Sie ein Schaf anfahren, informieren Sie jemanden im nächsten Ort.

Auf den Inseln werden Sie **Torf** säuberlich geschichtet in der Landschaft liegen sehen. Dies ist das Heizmittel für die ansässige Bevölkerung und wurde in anstrengender Arbeit gestochen. Wenn Sie Torf als Souvenir haben möchten, fragen Sie bitte danach und nehmen Sie nicht einfach ein Stück weg.

Schottisch-gälische Namen & Anrede

Für viele Vornamen gibt es im Schottisch-Gälischen Entsprechungen. Einige Vornamen sind typisch schottisch und haben im Deutschen kein Äquivalent. Gälische Namen sind nach wie vor sehr beliebt, transportieren sie doch schottische Identität. Alle gälischen Vornamen haben auch eine anglisierte Entsprechung; in einer gälischen Konversation wird man allerdings immer die gälischen hören.

Anredefall
Auch ausländische Namen werden manchmal leniert. Das sieht dann ganz lustig aus, z. B. so:
A Khlaus A Chlaus.

Der Anredefall wird gebildet, indem der erste Mitlaut des englischen Namens – wenn möglich – leniert wird. Bei männlichen Vornamen wird die letzte Silbe zusätzlich „aufgehellt", indem nach dem letzten Selbstlaut ein i eingefügt wird. Vor Namen, die mit einem Mitlaut beginnen, wird ein a gesetzt.

engl. Name	gälischer Name			Anrede	
James	**Seumas**	Scheemas	→	**A Sheumais!**	A Heemasch
Donald	**Dòmhnall**	Doonal	→	**A Dhòmhnaill!**	A Ghonail
John	**Iain**	Iain	→	**Iain!**	Iain
Charles	**Tèarlach**	Tschärlach	→	**A Thèarlaich!**	A Hjärlich
Michael	**Mìcheal**	Miichal	→	**A Mhìcheil!**	A Wiechil
Maria	**Màiri**	Maathi	→	**A Mhàiri!**	A Waathi
Marion	**Mòrag**	Moorak	→	**A Mhòrag!**	A Woorak
Joan	**Seonag**	Schonak	→	**A Sheonag!**	A Hjonak
Anna	**Anna**	Anna	→	**Anna!**	Anna

Die lenierte Form von Seumas ist im englischsprachigen Raum zu einem Vornamen mit eigener Schreibweise geworden: „Hamish".

Schottisch-gälische Namen & Anrede

Nachnamen

Die Nachnamen im Gälischen drücken häufig die Herkunft oder die Zugehörigkeit zu einem Clan aus. *John MacDonald* wird im Gälischen zu Iain MacDhòmhnaill Iain Machkghoonil („Johannes Sohn des Donald"), *Mary MacDonald* wird zu Màiri NicDhòmhnaill Maathi Nickghoonil („Maria, Tochter des Sohnes des Donald").

Es gibt auch Nachnamen ohne das typische Mac oder Nic. Aus *Peter Cameron* wird im Gälischen Peadar Camshron Petter Kameronn. Familiennamen, die nicht mit Mac oder Nic beginnen, werden leniert, wenn es sich um eine weibliche Namensträgerin handelt. Aus *Elisabeth Cameron* wird im Gälischen Ealasaid Chamshron Ealassitsch Chameronn.

In den letzten Jahren gelang es durchzusetzen, dass Namen in offiziellen Dokumenten auch auf Gälisch geschrieben werden dürfen und rechtskräftig sind. Das gilt insbesondere für Bankgeschäfte, vorausgesetzt, dass die gälische Namensform bei der Bank hinterlegt wurde.

Begrüßen & Verabschieden

Obwohl es im Schottisch-Gälischen Bezeichnungen für „Herr" und „Frau" gibt, wird man meistens das englische *Mister* oder *Missis* mit der gälischen Namensform hören.

Die Begrüßung und Verabschiedung funktioniert im Großen und Ganzen wie im Deutschen. Es gibt eine Anredeform zum Duzen und eine zum Siezen, nur dass im Gälischen „geeucht" wird („wie geht es euch?"). Das bedeutet, dass man die 2. Person Mehrzahl als Anrede benutzt, wenn das Gegenüber älter, unbekannt oder gesellschaftlich höher gestellt ist. Oft wird man sich bald mit Vornamen und höflicher Form anreden, bis dann irgendwann das Du ausbricht. Jemandem offiziell das „du" anzubieten, ist nicht üblich. Man muss die Situation erfassen, um nicht unhöflich zu erscheinen. Selbst wenn ein älterer oder höhergestellter Mensch Sie selbst duzen sollte, heißt das nicht, dass Sie das auch tun sollten.

Deutsche neigen dazu, bei einem Gespräch sehr schnell zur Sache zu kommen. Schotten sind da anders. Nach der Begrüßung wird man immer grundsätzlich nach dem Wohlbefinden befragt und erwartet eine höfliche Gegenfrage. Nachdem das Wetter der letzten Tage ausgiebig diskutiert wurde, nähert man sich erst dem eigentlichen Zweck des Gesprächs.

Mit einem Smartphone können Sie sich die mit einem 🔊 gekennzeichneten Sätze dieses Kapitels anhören. Scannen Sie einfach den QR-Code mit Hilfe einer kostenlosen App (z. B. „Barcoo" oder „Scanlife").

Zur Begrüßung reicht man sich in Schottland nicht die Hand, sondern stellt sich gegenseitig vor. Dies schließt auch die Begleitung ein, und es wird als höflich empfunden, auch mit der Begleitung einige Worte zu wechseln.

Begrüßen & Verabschieden

Begrüßen

🔊 **Madainn mhath!** 🔊 **Latha math!** 🔊 **Feasgar math!**
mattin wa   la'a ma   fäsker ma
Morgen° gut   *Tag gut*   *Abend gut*
Guten Morgen!   Guten Tag!   Guten Abend!

„Guten Abend" sagt man ab ca. 17 / 18 Uhr!

🔊 **Ciamar a tha thu / sibh?** **Dè mar a tha thu / sibh?**
kimmer a ha u / schiiw   dschee mar a ha u / schiiw
wie (-) ist du / ihr   *was (-) (-) ist du / ihr*
Wie geht es dir / Ihnen?   *(in Lewis verbreitete Variante der Frage)*

🔊 **Tha mi gu math.**   🔊 **Ciamar a tha thu / sibh fhèin?**
ha mi gu ma   kimmer a ha u / schiiw heein
ist ich U wohl   *wie (-) ist du / ihr selbst*
Es geht mir gut.   Wie geht es dir / Ihnen?

🔊 **Chan eil dona.**   🔊 **Tha i brèagha an-diugh, nach eil?**
chan jäil donna   ha i bri'a an dschiu, nach äil
nicht° ist schlecht *ist sie schön heute nicht° ist*
Nicht schlecht.   Es ist schön heute, nicht wahr?

🔊 **Ò tha!**   🔊 **Dè do naidheachd?**   **Chan eil dad.**
o ha   dschee do nai'acht   chan jäil dat
oh ist   *was deine° Nachricht*   *nicht° ist nichts*
Aber ja!   Was gibt es Neues?   Nichts.

🔊 **Och dìreach mar as àbhaist.**
ooch dschii^(th)ach mar ass aawischt
och gerade wie welches-ist Gewöhnliches
Ach, nichts Neues.

ceithir fichead 's a trì | 83

Begrüßen & Verabschieden

Verabschieden

Die englische Abschiedsfloskel „cheers" ist ins Gälische eingeflossen:

🔊 **Tioraidh an-dràsda.**
tschiiri an-draasda
tschüss im Moment
Tschüss dann!

Ursprünglich und bis heute auch gebräuchlich war die Verabschiedung so: Der Bleibende sagt:

🔊 **Slàn leat / leibh!**
slaan lät/läiw
gesund mit-du/-ihr
Bleib / Bleiben Sie gesund!

🔊 **Beannachd leat / leibh!**
beannachk lät/läiw
Segenswünsche mit-du/-ihr
Segenswünsche seien mit dir / Ihnen!

Die Antwort des Scheidenden auf diese Verabschiedung lautet:

🔊 **Mar sin leat / leibh!**
mar schinn lät / läiw
wie jenes mit-du / mit-ihr
So auch dir / Ihnen!

Heute sagen oft auch beide einfach nur mar sin leat / leibh", da ohnehin jeder weiß, was gemeint ist.

🔊 **Oidhche mhath!**
oiche wa
Nacht° gut
Gute Nacht!

Das erste Gespräch

Egal, ob Sie in einer Pension mit einer Tasse Tee empfangen werden oder im Bus neben jemandem sitzen: so wie im Folgenden wird Ihr erstes gälisches Gespräch mit ziemlicher Sicherheit ablaufen.

🎵 **Halò, madainn mhath!**
hallo, mattin wa
hallo Morgen° gut
Hallo, Guten Morgen!

🎵 **Halò, dè an t-ainm a th' ort / oirbh?**
hallo, dschee an tännem a horscht / othjw
hallo was der Name welcher ist auf-du / auf-ihr
Hallo, wie heißt du / heißen Sie?

🎵 **'S e Seòras an t-ainm a th' orm.**
schä Schoorass an tännem a horrem
ist es G. der Name welcher ist auf-ich
Ich heiße Georg.

🎵 **A Shèorais, ciamar a tha thu / sibh?**
A Heeorisch, kimmer a ha u / schiiw
oh° Georg wie (-) ist du / ihr
Georg, wie geht es dir / Ihnen?

🎵 **Tha gu math, tapadh leat / leibh.**
ha gu ma, tachpa lätt / läiw
ist U gut dank mit-du / mit-ihr
Es geht mir gut, danke.

🎵 **Cò às a tha thu / sibh?**
ko ass a ha u / schiiw
wer aus (-) ist du / ihr
Woher kommst du / kommen Sie?

🎵 **Tha mi às a' Ghearmailt / às an Ostair / às an Eilbhis.**
ha mi ass a Jerremaltsch / ass an Osteth / ass an Ellewisch
bin ich aus die^{3}° Deutschland^{3} / die^{3}° Österreich^{3} / die^{3}° Schweiz^{3}
Ich bin aus Deutschland / Österreich / der Schweiz.

Ländernamen sind immer weiblich und stehen meistens mit dem bestimmten Artikel. Ausnahme bilden Schottland, Irland, England und Länder, in die Schotten ausgewandert sind (Amerika, Kanada, Australien, Neuseeland).

Das erste Gespräch

Länder			
	A' Bheilg	A Wellek	Belgien
	A' Bhreatainn Bheag	A Wrätan Wäk	Bretagne
	Breatainn	Bräachtan	Britannien
	An Danmharc	An Dannewark	Dänemark
	A' Ghearmailt	A Jerremaltsch	Deutschland
	An Fhionnlainn	An Iunnlan	Finnland
	An Fhraing	An Raink	Frankreich
	Sassainn	Ssassinn	England
	An Òlaind	An Oolant	Holland
	Èirinn	Ee[th]in	Irland
	An Eadailt	An Ädaltsch	Italien
	Èirinn a Tuath	Ee[th]in a Tua	Nordirland
	Nirribhidh	Nirrivi	Norwegen
	An Ostar	An Oste[th]	Österreich
	Alba	Allepa	Schottland
	An t-Suain	An Tuan	Schweden
	An Eilbhis	An Ällewisch	Schweiz
	An Spàinnt	An Spaantsch	Spanien
	A' Chuimrigh	A Chümme[th]i	Wales

🎵 **Càite a bheil thu / sibh a' fuireach?**
kaatsch a wäil u / schiiw a fu[th]ach
wo (-) ist du / ihr bei Bleiben
Wo wohnst du / wohnen Sie?

🎵 **Tha mi a' fuireach ann am Bonn / ann an Hamburg.**
ha mi a fu[th]ach aun am Bonn / aun an Hamburg
ist ich bei Bleiben in Bonn / in Hamburg
Ich wohne in Bonn / Hamburg.

🎵 **Dè cho fad 's a tha thu / sibh ann an Alba?**
dschee cho fat ssa ha u / schiiw aun an Allepa
was so lange und ist (-) du / ihr in Schottland
Wie lange bist du / sind Sie in Schottland?

Das erste Gespräch

🕭 Bidh mi an-seo airson seachdain / cola-deug / mìos.
bii mi an-scho ärsson scheachkin / kolla-dschiak / miios
sein-werden ich hier für Woche / vier-Tage-zehn / Monat
Ich bin hier für eine Woche / vierzehn Tage / einen Monat.

🕭 An ann air saor-làithean a thàinig thu?   **🕭 Tha mi airson coiseachd.**
an aun äth ssüor-lai'en a haanik u   ha mi ärsson koschachk
FP-ist darin auf frei-Tage dass kamst du   *bin ich für Wandern*
Machst du hier Ferien?   Ich möchte wandern.

Tha mi airson iasgach / sealg.   **🕭 Tha mi ag ionnsachadh Gàidhlig.**
ha mi ärsson iasgach / schällak   ha mi ak iunsachagh Gaalik
bin ich für Fischen / Jagen   *bin ich beim Lernen Gälisch*
Ich möchte fischen / jagen.   Ich lerne Gälisch.

🕭 Dè an aois a tha thu/sibh?   **🕭 Tha mi ochd bliadhna air fhichead a dh'aois.**
dschee n üoisch a ha u / schiiw   ha mi ochk bliana äth ichet a ghüoisch
was das Alter welches ist du/ihr   *bin ich acht Jahre auf° zwanzig von (-) Alter*
Wie alt bist du / sind Sie?   Ich bin 28 Jahre alt.

🕭 A bheil thu / sibh pòsda?   **🕭 Tha cèile agam.**
a wäil u / schiiw poosta   ha keele akam
FP ist du / ihr verheiratet   *ist Partner bei-ich*
Bist du / Sind Sie verheiratet?   Ich habe eine/n Freund/-in.

🕭 A bheil clann agad / agaibh?   **🕭 Tha, tha mac agus nighean agam.**
a wäil klaun akat / akiw   ha, ha machk ages ni'en akam
FP ist Kinder bei-du / bei-ihr   *ist ist Sohn und Tochter bei-ich*
Hast du / Haben Sie Kinder?   Ja, einen Sohn und eine Tochter.

🕭 Dè an obair a th' agad / agaibh?   **🕭 'S e oileanach a th' annam.**
dschee an opeth a hakat / akiw   schä ollannach a hannem [hunnem]
was die Arbeit welche ist bei-dir / bei-ihr *ist es Student welcher ist in-ich*
Welchen Beruf hast du / haben Sie?   Ich bin Student.

ceithir fichead 's a seachd

Das erste Gespräch

clèireach *(m)*	klee[th]ach	Angestellter
obraiche *(m)*	opriche	Arbeiter
bèicear *(m)*	bäichke[th]	Bäcker
tuathanach *(m)*	tua'anach	Bauer
post *(m)*	post	Briefträger
croitear *(m)*	kroichtscher	Crofter *(schott. Kleinbauer)*
dotair *(m)*	dochte[th]	Doktor
iasgair *(m)*	iasge[th]	Fischer
rannsaichear *(m)*	raunsicher	Forscher / Wissenschaftler
gruagaire *(m)*	gruaga[th]e	Friseur
bean-taighe *(w)*	bän-tähe	Hausfrau
innleadair *(m)*	iinläde[th]	Ingenieur
banaltram *(w)*	bannaltram	Krankenschwester
neach teagaisg *(m)*	neach tschägischk	Lehrer/-in
peantair *(m)*	pännte[th]	Maler
ceòladair *(m)*	keoolade[th]	Musiker/in
ollamh *(m)*	ollaw	Professor/in
seinneadair *(m)*	schännade[th]	Sänger/in
sgoilear *(m)*	skoller	Schüler/in
maraiche *(m)*	mariche	Seemann
rùnaire *(m)*	ruuna[th]e	Sekretär/-in
saor *(m)*	ssüor	Tischler
rèiceadair *(m)*	reechkade[th]	Verkäufer
fiaclair *(m)*	fiachkle[th]	Zahnarzt

🎵 **An toil leat / leibh an obair seo?**
an toll lät / läiw an ope[th] scho
ist Wunsch mit-du / mit-ihr die Arbeit diese
Magst du / Mögen Sie diese Arbeit?

🎵 **Is toil.**   🎵 **Cha toil.**
s toll   cha toll
ist Wunsch   *nicht°-ist Wunsch*
Ja.   Nein.

Bitten, Danken, Wünschen

Bitten, Danken, Wünschen

Im Gälischen drückt man sich immer sehr höflich aus. Das geschieht meistens über feststehende Ausdrücke.

🔊 **Am bu toil leat / leibh tì?**   etwas anbieten
am bu toll lät / läiw tii
FP wäre Wunsch mit-du / mit-ihr Tee
Möchtest du / Möchten Sie Tee?

🔊 **Bu toil / Cha bu toil, tapadh leat / leibh.**
bu toll / cha bu toll, tachpa lät / läiw
wäre Wunsch / nicht° wäre Wunsch
Dank mit-du / mit-ihr
Ja / Nein, danke.

🔊 **Dè b' fheàrr leat/leibh, fion dearg neo fion geal?**
dschee b'eaar lät / läiw, fiion dschärrak no fiion gäl
was wäre besser mit-du / mit-ihr
Wein rot oder Wein hell
Was möchtest du / möchten Sie lieber, Rotwein oder Weißwein?

🔊 **B' fheàrr leam fion dearg.**
b' eaar läm fiion dschärrak
wäre besser mit-ich Wein rot
Ich bevorzuge Rotwein.

🔊 **'S e do bheatha.**   🔊 **'S e ur beatha.**   bitte
schä do wäha   schä ur bäha   **(beim Überreichen)**
ist Er dein° Leben   *ist Er(Gott) euer Leben*
Bitte sehr!   Bitte sehr! *(an mehrere*
(an eine Person)   *Pers. / höfliche Form)*

ceithir fichead 's a naoi

Bitten, Danken, Wünschen

danken **Tapadh leat / leibh.**   🗨 **Mòran Taing!**
tachpa lät / läiw   mooran taing
Dank mit-du / mit-ihr   *vieles Dank*
Danke.   Vielen Dank!

wünschen **Nollaig chridheil dhut / dhuibh!**
Nollek chri'el ghut / ghuiw
Weihnachten° herzlich zu-du / zu-ihr
Frohe Weihnachten!

🗨 **Meal do naidheachd!**   **Bliadhna Mhath Ùr!**
meal do nai'achk   bliana Wa Uur
genieße deine° Nachricht   *Jahr° gut neu*
Herzlichen Glückwunsch! Frohes Neues Jahr!

Cò-latha breith sona dhut / dhuibh!
koo-la'a bree ssonna ghut / ghuiw
Tag Geburt glücklich zu-du / zu-ihr
Herzlichen Glückwunsch zum Geburtstag!

Diesen Trinkspruch **Gu math fada beò thu agus ceò às do thaigh!**
benutzen Sie, wenn gu ma fata beoo u ages keoo ass do hai
Sie es wirklich gut mit *dass gut lang lebendig du und Rauch aus dein°*
jemandem meinen! *Haus*
Auf dass du lange leben mögest und immer
der Schornstein raucht!

Turas math sàbhailte dhut / dhuibh!
turass ma ssaawiltsche ghut / ghuiw
Reise gut sicher zu-du / zu-ihr
Gute und sichere Reise!

Das Wetter

Jedes auch noch so kurze Gespräch wird einen Kommentar über das Wetter einschließen. Das hilft zum einen unverbindliche, freundliche Konversation zu machen, zum anderen bekommt ein Gesprächspartner auf diese Weise heraus, wie viel Gälisch Sie können. Das Wetter ist im Gälischen immer weiblich, deshalb wird es durch das weibliche persönliche Fürwort i (sie) stellvertreten.

an t-sìde (w)	an tschiidsche	das Wetter
an t-uisge (m)	an tüschke	der Regen
das Wasser		
an sneachd (m)	an schneachk	der Schnee
an t-adhar (m)	an ta'ar	der Himmel
a' ghrian (w)	a ghrian	die Sonne
a' ghealach (w)	a ghälach	der Mond
bogha-froise (m)	bo'a-froosch	Regenbogen
brèagha	bri'a	schön
fuar	fuar	kalt
fliuch	fluch	feucht
garbh	garrew	übel
ceòthach	kjoo'ach	neblig
grianach	grianach	sonnig
blàth	blaa	warm
teth	tschä	heiß

Tha i stoirmeil.
ha i sto[th]emel
ist sie stürmisch
Es ist stürmisch.

Tha i sgothach.
ha i sko'ach
ist sie wolkig
Es ist bewölkt.

ceithir fichead 's a h-aon deug | **91**

Das Wetter

Die Insel Skye wird auch häufig Eilean a' Cheò a Cheoo (Nebelinsel, „Insel des[2]° Nebels[2]") genannt. Sie werden bald feststellen, wieso ...

Tha tàirneanaich is dealanaich ann.
ha taarneanich is dschälanich aun.
ist Donner und Blitz da
Es gewittert.

Tha i brèagha an-diugh, nach eil?
ha i bri'a an-dschiu, nach äil
ist sie schön heute dass-nicht ist
Es ist schön heute, nicht wahr?

Tha, ach bidh an t-uisge ann a-màireach.
ha, ach bii an tüschke aun a-maathach
ist aber sein-werden das Wasser da morgen
Ja, aber morgen wird es regnen.

Tha mi an dòchas nach bi!
ha mi an doochas nach bi
ist ich in Hoffnung dass-nicht sein-werden
Ich hoffe nicht.

Zu Gast sein

Zu Gast sein

Wird man in Schottland privat eingeladen, freuen sich die Gastgeber, wenn man etwas mitbringt. Das kann z. B. eine Packung Kekse oder deutsche Gummibärchen sein oder abends auch eine Flasche Wein. Ich bringe für solche Fälle immer ein, zwei Flaschen deutschen Wein von zu Hause mit. Wenn sich keine Einladung ergibt, findet man garantiert jemanden, der beim Austrinken hilft.

Mit einem Smartphone können Sie sich die mit einem ♪ gekennzeichneten Sätze dieses Kapitels anhören.

♪ Thig / Thigibh a chèilidh oirnn a-nochd!
hik / hikiw a cheeli o^thin a-nochk
komm / kommt zu° Besuch auf-wir heute-Abend
Komm / Kommen Sie heute Abend zu uns!

♪ Thig / Thigibh a-steach!
hik / hikiw e-schtscheach
komm / kommt in-Haus
Komm / Kommen Sie rein!

♪ Suidh / Suidhibh sìos!
ssui / ssui'iw schiios
sitz / setzt nieder
Setz dich / Setzen Sie sich!

♪ An toil leat / leibh cupa tì?
an toll lät / läiw kuchpa tii
FP-ist Wunsch bei-du / bei-ihr Tasse Tee
Möchtest du / Möchten Sie eine Tasse Tee?

♪ Seo dhuibh!
scho ghuiw
hier zu-ihr
Das ist für Sie! *(Überreichen des Mitbringsels)*

ceithir fichead 's a trì deug | **93**

Zu Gast sein

🎵 **Sin mo bhean.**
schinn mo wän
jene meine° Frau
Das ist meine Frau.

🎵 **Sin an duine agam.**
schinn an dünje akam
jener der Mann bei-ich
Das ist mein Mann.

an teaghlach *(m)*	an tschealach	Familie
pàrantan *(m)*	paarantan	Eltern
seanair *(m)*	schäne[th]	Großvater
seanmhair *(w)*	schänawe[th]	Großmutter
màthair *(w)*	maahe[th]	Mutter
athair *(m)*	ahe[th]	Vater
bràthair *(m)*	braahe[th]	Bruder
piuthar *(w)*	piuher	Schwester
nighean *(w)*	ni'en	Tochter
mac *(m)*	machk	Sohn
clann *(w)*	klaun	Kinder
piuthar-màthar *(w)* *Schwester-Mutter*	piuher-maaher	Tante (mütterlicherseits)
piuthar-athar *(w)* *Schwester-Vater*	piuher-ahe[th]	Tante (väterlicherseits)
bràthair-màthar *(m)* *Bruder-Mutter*	braahe[th]-maaher	Onkel (mütterlicherseits)
bràthair-athar *(m)* *Bruder-Vater*	braahe[th]-aher	Onkel (väterlicherseits)
bràthair-cèile *(m)* *Schwester-Gatte*	braahe[th]-keele	Schwager
piuthar-chèile *(w)* *Schwester-Gattin*	piuher-cheele	Schwägerin

🎵 **Tha mi toilichte ur coinneachadh / do choinneachadh.**
ha mi tollichtsche ur konneachagh / do chonneachagh
ist ich glücklich euer Sehen / dein° Sehen
Ich freue mich, Sie / dich kennen zu lernen.

Musik

Das „Royal National Mod" ist *das* jährliche musikalische Großereignis der gälischen Welt Schottlands. Jedes Jahr an einem anderen Ort in Schottland findet dieser traditionelle Musik- und Gesangswettbewerb im Oktober statt, dessen Finale bei Radio nan Gàidheal live übertragen wird. Den Siegern winkt eine Medaille. Daneben finden in jeder Region Schottlands auch lokale „Mods" statt.

Mit einem Smartphone können Sie sich die mit einem 🎵 gekennzeichneten Sätze dieses Kapitels anhören.

Weitaus moderner und auch für zeitgemäße Musikströmungen offen ist das im Januar stattfindende Festival Celtic Connections in Glasgow. Hier wird auch gerockt, und Musikgruppen aus der ganzen Welt verbinden „keltische" Klänge mit ihren eigenen Musikstilen.

Eine der renommiertesten Sommerschulen für traditionelle Musik ist Ceòlas Keoolas auf der Insel South-Uist. Jedes Jahr im Juli treffen sich hier Musikbegeisterte, um Dudelsack, gälische Lieder und traditionelle Tänze zu lernen. Sommerkurse für traditionelle Musik bietet auch das gälische College Sabhal Mòr Ostaig Ssa'al Mor Ostäk auf Skye an.

🎵 Cò a bhios a' seinn / a' cluich a-nochd?
ko a wias a schäin / a kluich a-nochk
wer (-) sein-werden bei Singen / bei Spielen heute-Abend
Wer singt / spielt heute Abend?

Musik

clàrsach *(w)*	klaarssach	Harfe
a' phìob *(w)*	a fiip	Dudelsack
fidheall *(w)*	fi'all	Geige
fideag *(w)*	fidschak	Flöte
òran *(m)*	ooran	Lied
dannsa *(m)*	daunssa	Tanz
ceòl *(m)*	kjool	Musik
seinn	schäin	singen
cluich	kluich	spielen *(Instrument)*

🎵 **Càite am bi am Mòd Rìoghal Nàiseanta a' tachairt am bliadhna?**
kaatsch am bi am Mood Rii'al Naaschenta
a tacharscht am bliana
wo (-) sein-werden das Mod Königlich National bei Passieren dieses Jahr
Wo findet das Royal National Mod dieses Jahr statt?

🎵 **Ann am Peairt.**
aun am Pearscht
In Perth.

Musik ist aus dem Alltagsleben der Gälen nicht wegzudenken. Häufig findet ein so genanntes cèilidh keeli statt. Das sind Zusammenkünfte, bei denen getanzt und musiziert wird. Sollten Sie ein Plakat oder einen Hinweis in der Zeitung sehen, gehen Sie auf jeden Fall hin. Ursprünglicher werden Sie besonders auf den Hebrideninseln traditionelle Musik nicht zu hören bekommen. Möglicher-weise bekommen Sie ein Mikro in die Hand gedrückt mit der Bitte, ein Lied vorzutragen.

Flirt & Liebe

🎵 **Gabh òran (Gearmailteach)!**
gaaw ooran (Gerrcmaltschach)
nimm Lied (deutsch)
Sing ein (deutsches) Lied!

Sin thu fhèin!
schinn u heein
jenes du selbst
Klasse!,
Gut gemacht!

🎵 **Tha mi duilich, chan urrainn dhomh seinn.**
ha mi dullich, chan urrinn gho schäinn
ist ich bedauerlich nicht°-ist Fähigkeit zu-ich Singen
Tut mir Leid, ich kann nicht singen.

Wenn Sie sich drücken wollten (was Sie natürlich nicht tun werden), könnten Sie mit nebenstehenden Satz antworten.

🎵 **Coma leat, feumaidh tu!**
koma lät, feemi tu
egal mit-du müssen-werden du
Egal, du musst!

Flirt & Liebe

Wenn Sie jemanden kennen lernen möchten, funktioniert das ungefähr genau so wie bei uns. Eine lose Bekanntschaft zu machen, die möglicherweise in eine nette Freundschaft übergeht, ist sehr schnell möglich.

An tèid thu don chèilidh còmhla rium a-nochd?
an dscheedsch u don cheeli koola rum a-nochk
FP gehen-werden du zu-dem° Tanzfest³ zusammen zu-ich heute Abend
Gehst du heute Abend zusammen mit mir zum Tanzfest?

ceithir fichead 's a seachd deug | **97**

Flirt & Liebe

A bheil thu a' siubhal leat fhèin?
a wäil u a schual lät heein
FP ist du bei Reisen mit-du selbst
Bist du alleine unterwegs?

Am faod mi do tholrt dhachaigh?
am füot mi do hoorscht ghachai
FP dürfen-werden ich dein° Bringen nach-Hause
Darf / Kann ich dich nach Hause bringen?

Tha thu a' coimhead brèagha!
ha u a koijet bri'a
ist du bei Schauen hübsch
Du siehst gut aus!

Tha gaol agam ort!
ha güöl akam orscht
ist Liebe bei-ich auf-du
Ich liebe dich!

'S toil leam (gu mòr) thu.
s toll läm (gu moor) u
ist Wunsch mit-ich (U groß) du
Ich mag dich (sehr).

Thuit mi ann an gaol.
huichtsch mi aun an güol
fiel ich in Liebe
Ich habe mich verliebt.

An toir thu pòg dhomh?
an too[th] u pook gho
FP geben-werden du Kuss zu-ich
Gibst du mir einen Kuss?

Wenn man sich dann näher kommt, kann man fragen:

A bheil sin a' còrdadh ruit?
a wäil schinn a koorschdagh rut
FP-ist jenes bei Gefallen zu-du
Magst du das?

Tha, tha sin math.
ha, ha schinn ma
ist ist jenes gut
Ja, das ist gut.

Càite an tèid sinn a-nis?
kaatsch an dscheedsch schiin a-nisch
wohin (-) gehen-werden wir jetzt
Wohin gehen wir jetzt?

Flirt & Liebe

Tha mi ag iarraidh a dhol air do mhuin.
ha mi ak iarri a ghol ä[th] do wun
ist ich bei Wollen zu° Gehen auf dein° Besteigen
Ich möchte mit dir schlafen.

A bheil casgan agad?
a wäil kaskan akat
FP ist Bremse bei-du
Hast du ein Kondom?

Chan eil mi ag iarraidh sin!
chan jäil mi ak iarri schinn
nicht° ist ich bei Wollen jenes
Ich möchte / will nicht!

Na dèan-sin (a-rithist)!
na dscheean-schinn (a-ri-ischt)
nicht mach-jenes (nochmal)
Mach das nicht (nochmal)!

Sguir dheth!
sku[th] jä
lass von-er
Lass das sein!

Tha sin ro luath.
ha schinn ro lua
ist jenes zu° schnell
Das geht mir zu schnell.

Thalla!
halla
verschwinde
Hau ab!

Bheir mi dhut sgailc!
wee[th] mi ghut skallek
geben-werden ich zu-dir Ohrfeige
Ich knall dir gleich eine!

gaol *(m)*	güol	Liebe
càirdeas *(m)*	kaarschdsches	Freundschaft
pòs [a' pòsadh]	poos [a poosagh]	heiraten
leatromach	lätroumach	schwanger
co-sheòrsach	ko-heoorsach	schwul / lesbisch
mo ghràidh!	mo ghraai	Liebling!
m' eudail!	meetal	Schätzchen!

ceithir fichead 's a naoi deug

Unterwegs

Unterwegs

Schottland ist kein Land für einen Strandurlaub. Klassischerweise machen die meisten Besucher eine Rundreise mit dem eigenen Wagen. Reisen Sie langsam, und nehmen Sie sich Zeit. Wenn Sie wandern möchten, sind Sie hier richtig und können besonders auf den Inseln mit Einheimischen schnell über das Gesehene auf Gälisch fachsimpeln.

zu Fuß

🗣 **Gabhaibh mo leisgeul, càite a bheil an stèisean?**
gawiw mo leschkeal, kaatsch a wäil an steeschen
nehmt meine Entschuldigung wo (-) ist der Bahnhof
Entschuldigung, wo ist der Bahnhof?

stèisean *(m)*	steeschen	Bahnhof
bùth leabhraichean *(w)*	buu ljoorichen	Buchhandlung
Laden Bücher		
stad a' bhus *(m)*	stat a wass	Bushaltestellte
Halt des² Busses²		
clach-chuimhne *(w)*	klach-chuinje	Denkmal
Stein-Erinnerung		
bùth *(w)*	buu	Geschäft
tursach/-an *(m)*	tursach/-an	Hinkelstein/e
taigh-dhealbh *(m)*	tai-jällaw	Kino
Haus-Bild		
eaglais *(w)*	äklisch	Kirche
ionad margaidh *(m)*	inat marragi	Marktplatz
Platz Markt²		

Unterwegs

taigh-tasgaidh (m) Haus-Bewahren²	tai-taski	Museum
pàirc (w)	paark	Park
talla a' bhaile (m) Halle der² Stadt²	talla a walle	Rathaus
amar-snàmh (m) Wanne-Schwimmen	amer-snaaw	Schwimmbad
talla-baile (m)	talla-balle	Stadthalle
rathad (m)	ra'at	(Land-)Straße
oilthigh (m)	ollhai	Universität
slighe (w)	schli'e	Weg

Die wichtigsten Richtungsangaben finden Sie in der rechten inneren Umschlagklappe.

◊ **Ciamar a ruigeas mi don taigh-taisgaidh?**
kimmer a rukes mi don tai-taski
wie (-) erreichen ich zu-dem³° Haus-Bewahren³
Wie komme ich zum Museum?

◊ **A bheil sin fad air falbh?**   ◊ **Tha. / Chan eil.**
a wäil schinn fat ä[th] fallaw   ha / chan jäil
FP ist jenes lange auf Weggehen ist / nicht° ist
Ist das weit weg?   Ja. / Nein.

◊ **Chan eil ach còig mionaidean air a' bhus.**
chan jäil ach kooik minadschen ä[th] a wass
nicht° ist aber fünf Minuten auf dem³° Bus³
Das sind nur fünf Minuten mit dem Bus.

◊ **An urrainn dhomh coiseachd ann?**
an urrinn gho koschachk aun
FP-ist Fähigkeit zu-ich Wandern in
Kann ich dahin laufen?

◊ **'S urrainn.**   ◊ **Chan urrainn.**
ssurrinn   chan urrinn
ist Fähigkeit   *nicht°-ist Fähigkeit*
Ja.   Nein.

ceud 's a h-aon

Unterwegs

geographische Begriffe

Dorf & Stadt			
	clachan *(m)*	klachen	kleiner Ort
	baile *(m)*	balle	Ort, Dorf
	baile mòr *(m)*	balle moor	Stadt
	Ort groß		

Folgende Begriffe sind häufig Bestandteile schottischer Ortsnamen:

	cill *(w)*	kil	Kirche
	dùn *(m)*	duun	Festung
	inbhir *(m)*	inji[th]	Mündung
	drochaid *(w)*	drochtsch	Brücke
	-aigh	-ai	Eiland
	caol *(m)*	küol	Meerenge, Sund
	bàigh *(w)*	bai	Bucht

Gebiete

A' Ghàidhealtachd	A Jäheltachk	Highlands
A' Ghalldachd	A Gaulldachk	Lowlands
Na Crìochan	Na Kriiochan	Grenzgebiet *(zu England)*

Städte

Obar Dheathain	Opar Ä'an	Aberdeen
A' Chomraidh	A Chommeri	Applecross
Armadal	Armadal	Armadale
An Aghaidh Mhòr	An A'i Woor	Aviemore
Inbhir Àir	Injir Aar	Ayr
Baile a' Chaolais	Ballachüolisch	Ballachulish
A' Mhanachainn	A Wanachin	Beauly
An t-Ath Leathann	An Ta Lähan	Broadford
Drochaid Chàrr	Drochtsch Chaar	Carrbridge
Bàgh a' Chaisteil	Ba a Chaschtschel	Castlebay
Cùil Lodair	Kuul Lotte[th]	Culloden
Druim na Drochaid	Druim na Drochtsch	Drumnadrochit
Dùn Dèagh	Duun Dschee	Dundee

Unterwegs

Dùn Èideann	Duun Eedschan	Edinburgh
An Gearasdan	An Gerrastan	Fort William
Glaschu	Glassechu	Glasgow
Inbhlr Nis	Injir Nisch	Inverness
Caol Loch Aillse	Küol Lochailsche	Kyle of Lochalsh
Caol Acain	Küol Achkin	Kyleakin
Loch Baghasdal	Lochba'asdal	Lochboisdaile
Loch nam Madadh	Loch Na Madagh	Lochmaddy
Mallaig	Mallaik	Mallaig
Baile Ùr an t-Slèibh	Bal Ur An Tschleew	Newtonmore
An t-Òban	An Toopan	Oban
Pàislig	Paaschlik	Paisley
Peairt	Pearscht	Perth
Port Rìgh	Porscht Rii	Portree
Preastbhaig	Prestwik	Prestwick
Steòrnabhagh	Schtjornawagh	Stornoway
An Tairbeart	An Tarberscht	Tarbert

Schottland ist seit einer Gebietsreform in 1970ern in Regionen eingeteilt, die alten Namen der Grafschaften sind teilweise identisch und werden noch häufig genutzt.

Sealltain	Schalltin	Shetland
Arcaibh	Arrekiff	Orkney
Leòdhas	Ljoo'ass	Lewis
Na Hearadh	Na Härragh	Harris
Uibhist a Tuath	Uischt a Tua	North Uist
Beinn na Faoghla	Bäin a Fula	Benbecula
Uibhist a Deas	Uischt a Dschess	South Uist
Barraigh	Barrai	Barra
An t-Eilean Sgitheanach	An Tschällan Ski'anach	Skye
Muile	Mulle	Mull
Colla	Kolla	Coll
Tiriodh	Tschirii	Tiree
Rùm	Ruum	Rhum
Ì Chaluim Chille	I Chalum Chilje	Iona
Ìle	Iile	Islay
Diùra	Dschuura	Jura

Inseln

Unterwegs

mit dem Taxi

🔊 **Tha mi ag iarraidh tacsaidh.**
ha mi ak iarri tachksi
ist ich bei Wollen Taxi
Ich möchte ein Taxi.

A bheil tacsaidh ann?
a wäil tachksi aun
FP ist Taxi da
Gibt es ein Taxi?

🔊 **Bu toil leam a dhol gu / do ...**
bu toll läm a ghol gu / do ...
wäre Wunsch mit-ich zu° Gehen nach / zu° ...
Ich möchte nach / zu / zum / zur ...

Stadaibh aig an oisean.
statiw äg an oschen
haltet an der³ ° Ecke³
Halten Sie an der Ecke!

Cumaibh an iomlaid.
kumiw an iumlatsch
behaltet den Wechsel
Der Rest ist für Sie.

mit dem Bus

Im Bus können Sie gut Ihr Gälisch ausprobieren. Und wenn der Bus lange unterwegs ist, kann es auch vorkommen, dass die Fahrgäste ein gälisches Lied anstimmen.

Busse sind *das* öffentliche Verkehrsmittel im Hochland und auf den Inseln. Die Firma *Citylink* verbindet regelmäßig alle Hauptorte in Schottland und auch die Fährhäfen miteinander. Lokale Busfirmen übernehmen den Transport aufs Land.

🔊 **Càite a bheil stèisean nam busaichean?**
kaatsch a wäil steeschen nam bassichen
wo (-) ist Station der² Busse²
Wo ist der Bushof?

🔊 **Càite am faigh mi ticead?**
kaatsch am fai mi tichket
wo (-) bekommen-werden ich Ticket
Wo bekomme ich eine Fahrkarte?

Unterwegs

🗨 **Cuine a bhios am bus a' falbh?**
kuin a wias am bass a fallaw
wann (-) sein-werden der Bus bei Weggehen
Wann fährt der Bus?

🗨 **Dè tha ticead a' cosg bho Ghlaschu gu Port Rìgh agus air ais?**
dschee ha tichket a kosk wo Ghlassechu gu Porscht Rii ages äth asch
was ist Fahrschein bei Kosten von° Glasgow nach Portree (-) und zurück (-)
Wie viel kostet ein Fahrschein von Glasgow nach Portree und zurück?

🗨 **Cuine a bhios am bus a' ruigsinn Glaschu?**
kuin a wias am bass a rukschinn Glassechu
wann (-) sein-werden der Bus bei Erreichen Glasgow
Wann ist der Bus in Glasgow?

🗨 **An e sin am bus don Ghearasdan?**
an ä schinn am bass don Jerrasdan
FP-ist es jenes der Bus zu-der³° Garnison³
Ist das der Bus nach Fort William?

🗨 **Càite an tèid mi far a' bhus airson an taigh-tasgaidh?**
kaatsch an tscheedsch mi far a wass ärsson an tai-taski
wo (-) gehen-werden ich von dem³° Bus³ zum-Wohle des²° Haus-Bewahren²
Wo muss ich aussteigen, um zum Museum zu kommen?

Einige abgelegene Orte sind nur mit dem Postbus zu erreichen. Das ist der Kleinbus des Briefträgers, der auch ein oder zwei Leute mitnimmt. Damit klappert er dann jeden Schafstall ab. Das dauert zwar ewig, aber man kommt ans Ziel.

Unterwegs

mit dem Zug

Zugfahren in Schottland ist schön, aber teuer. Das Eisenbahnsystem wurde in der Vergangenheit stark vernachlässigt. Nur einige Hauptstrecken bestehen noch. Diese sind im Hochland alle eingleisig und mit Diesel betrieben. Als Tourist können Sie die wunderschöne Landschaft genießen, egal wann Sie ankommen. Pendler im Lande selbst sehen das häufig ganz anders, wenn es mal wieder nicht weitergeht. Aber das kennen wir ja auch.

trèan *(m)*	trään	Zug
rathad-iarainn *(m)*	ra'at-iarenn	Bahnstrecke
Straße-Eisen²		
màlaid [*Mz:* **-ean**] *(w)*	maalidsch [-en]	Koffer
ticead *(m)*	tichket	Fahrschein

Unterwegs

🔊 **Tha mi a' gabhail an trèan gu Caol Loch Aillse.**
ha mi a ga'al an trään gu Küol Loch Ailsche
ist ich bei Nehmen des² Zuges² nach Kyle-of Lochalsh (-)
Ich nehme den Zug nach Kyle of Lochalsh.

Am bi trèan ann Di-Dòmhnaich?
am bi trään aun Dschi-Doonich
FP sein-werden Zug da Tag-(des-)Herrn
Gibt es sonntags einen Zug?

🔊 **An dèan an trèan stad ann an Dùn Eideann?**
an dscheean an treen stat aun an Dunn Eedschan
FP machen-werden der Zug Halt in (-) Edinburgh (-)
Wird der Zug in Edinburgh halten?

Nì.	**Cha dèan.**
nii	cha dscheean
machen-werden	*nicht° machen-werden*
Ja.	Nein.

mit dem Fahrrad

Schottland mit dem rothair roheth (Fahrrad) zu erkunden, erfordert Ausdauer. Das Hochland heißt nicht umsonst so. Es geht ständig bergauf und bergab, und wenn nicht, hat man garantiert Gegenwind. Allerdings ist es eine wunderbare Art, das Land hautnah zu erleben, und die Schotten sind meist rücksichtsvolle Autofahrer. In einsamen Gegenden und auf den Inseln ist es wunderbar, eine Landschaft ohne Verkehrsgeräusche und dem ständigen leisen Summen der Mückenschwärme zu erfahren.

ceud 's a seachd

Unterwegs

🗣 **Tha mi a' tadhal air an Eilean Sgitheanach air an rothair.**
ha mi a ta'al äth an Ällan Ski'anach äth an roheth
ist ich bei Bereisen auf der³° Insel³ Skye³ auf dem³° Fahrrad³
Ich bereise Skye mit dem Fahrrad.

🗣 **Gabhaibh mo leisgeul, tha an rothair agam briste.**
gawiw mo leschkeal, ha an rohetth akam brischtsche
nehmt meine° Entschuldigung ist das Fahrrad bei-ich gebrochen
Entschuldigen Sie, mein Fahrrad ist kaputt.

🗣 **An urrainn dhuibh mo chuideachadh?**
an urrinn ghuiw mo chudschachagh
ist Fähigkeit zu-ihr mein° Helfen
Können Sie mir helfen?

mit dem Flugzeug

itealan (m)	ichtschalan	Flugzeug
plèan (m)	pleen	Flugzeug
port-adhair (m)	porscht-aheth	Flughafen
Hafen-Luft		

Der wohl interessanteste Flugplatz befindet sich auf der Insel Barra. Dort ist der größte Strand in eine Landebahn umfunktioniert worden. Start und Landung richtet sich nach den Gezeiten. Währenddessen können Sie im Café des Flugplatzes Gälisch reden.

🗣 **Feumaidh mi a bhith aig a' phort-adhair aig seachd uairean.**
feemi mi a wi äk a forscht-aheth äk scheachk uathen
muss ich zu sein bei dem³° Hafen-Luft³ bei sieben Stunden
Ich muss um sieben Uhr auf dem Flugplatz sein.

Unterwegs

🎧 Bidh am plèan agam a' falbh aig ochd 'sa mhadainn.
bii am pleen akam a fallaw äk ochk ssa wattin
*sein-werden das Flugzeug bei-ich bei Weggehen
auf acht in-dem³° Morgen³*
Mein Flugzeug geht um 8 Uhr (morgens).

mit der Fähre

A bheil bàta-aiseag ann an-diugh?
a wäil baat-aschäk aun an-dschiu
FP ist Boot-Fähre in heute
Gibt es heute eine Fähre?

🎧 Dè cho tric 's a tha bàta-aiseag a' dol eadar Uibhist a Tuath agus na Hearadh?
dschee cho trichk ssa ha baat-aschäk a doll ätter Uischt a Tua ages na Härragh
was so lange ist welches ist Boot-Fähre bei Gehen zwischen Uist im Norden und die Harris
Wie oft gibt es eine Fähre zwischen North-Uist und Harris?

Mit dem Flugzeug kommen Sie schnell und bequem von Insel zu Insel bzw. von den Inseln nach Inverness und Glasgow.

mit dem Auto

🎧 Ciamar a ruigeas mi don rathad-mhòr gu Glaschu?
kimmer a rukas mi don ra'at-woor gu Glassechu
wie (-) erreichen-werden ich zu-der³° Straße-groß³ nach Glasgow
Wie komme ich zur Autobahn nach Glasgow?

A bheil e fad às?   **🎧 Leanaibh ris an rathad seo!**
a wäil e fat ass   lenniw risch an ra'at scho
FP ist es lang aus   *folgt zu der Straße diese*
Ist es weit?   Folgen Sie dieser Straße!

Unterwegs

Chì sibh cuairtean.
chii schiiw kuarschtschen
sehen-werden ihr Verteilerkreis
Sie werden einen Kreisverkehr sehen.

🖐 **Tionndaibh don làmh chlì / dheas!**
tschiuntiw don laamw chlii / jess
dreht zu-der[3]° Hand[3] links[3] / rechts[3]
Biegen Sie links / rechts ab!

🖐 **Cumaibh dìreach air an rathad seo.**
kuumiw dschii[th]ach ä[th] an ra'at scho
bleibt gerade auf der[3]° Straße[3] diese
Ihr müsst / Sie müssen geradeaus fahren.

Càite a bheil sin air a' chlàr dùthcha?
kaatsch a wäil schinn ä[th] a chlaar duucha
wo (-) ist jenes auf der[3]° Aufzeichnung[3] Landes[2]
Wo ist das auf der Karte?

Stadaibh is faighnichibh de chuideigin eile!
stadiw is fainichiw dsche chudschegin äle
haltet und erfragt von° jemandem anderen
Haltet und fragt jemand anderes!

càr *(m)*	kaar	Auto
sanas rathaid *(m)*	ssanass ra'itsch	Verkehrs-schild
Schild Straße[2]		
solas sràide *(m)*	ssollas straatsche	Straßen-laterne
Lampe Straße[2]		
làrach cuirm-chnuic *(w)*	laarach kurrem-chnuichk	Rastplatz
Bereich Picknick		
làrach pàircidh *(w)*	laarach paareki	Parkplatz
Bereich Parkens[2]		

Unterwegs

slighe *(w)*	schli'e	Weg
sràid *(w)*	straatsch	Straße
rathad *(m)*	ra'at	Landstraße
rathad singilte *(m)*	ra'at schingiltsche	einspurige Straße
rathad dùbailte *(m)*	ra'at duubiltsche	zweispurige Straße
rathad-mòr *(m)*	ra'at-moor	Schnellstraße, Autobahn
lùb *(m)*	luup	Kurve
stad [a' stad]	stat [a stat]	anhalten, stehen bleiben
tionndaidh [a' tionndadh]	tschiunti [a tschiuntagh]	umdrehen
falbh seachad air *weggehen vorbei auf*	fallaw scheachat äth	überholen, vorbeigehen
draibh [a' draibheadh]	draiw [a draiwagh]	Auto fahren

Càite am faigh mi peatrol Di-Dòmhnaich?
kaatsch am fai mi pätrol Dschi-Doonich
wo (-) bekommen-werden ich Benzin Tag-(des-)Herrn
Wo bekomme ich sonntags Benzin?

🕭 **A bheil an stèisean-peatrol seo fosgailte?**
a wäil an steeschen-pätrol scho foskiltsche
FP ist die Station-Benzins[2]° diese geöffnet
Ist diese Tankstelle geöffnet?

🕭 **Feumaidh mi Diesel.**
feemi mi Diisel
bedürfen-werden ich Diesel
Ich brauche Diesel.

Unterwegs

Auto mieten

A bheil càr air mhàl agaibh?
a wäil kaar äth waal akiw
FP ist Auto nach° seinem Mieten bei-ihr
Haben Sie einen Mietwagen?

A bheil a' phrìs a' toirt a-steach VAT agus àrachas?
a wäil a friisch a toorscht e-schtscheach FAT ages aarachas
FP ist die° Preis bei Nehmen hinein Mehrwertsteuer und Versicherung
Ist in dem Preis Mehrwertsteuer und Versicherung enthalten?

A bheil càr nas motha / nas lugha agaibh?
a wäil kaar nass mo'a / nass lugha akiw
FP ist Auto mehr größer / mehr kleiner bei-ihr
Haben Sie einen größeren / kleineren Wagen?

Unfall & Panne

Alles rund ums Auto (Zubehör, Werkzeug) wird auf Englisch formuliert.

Tha an càr agam briste.
ha an kaar akam brischtsche
ist das Auto bei-ich gebrochen
Ich habe eine Panne.

Feumaidh e càradh.
feemi ä kaaragh
bedürfen-werden er Reparieren
Es muss repariert werden.

Chan eil fhios agam dè tha ceàrr air.
chan jäil iss akam dschee ha keaar äth
nicht° ist Wissen bei-ich was ist falsch auf-er
Ich weiß nicht, was kaputt ist.

112 | ceud 's a dhà dheug

Unterwegs

🗣 **An urrainn dhuibh mo thoirt don gharaid as fhaisge oirnn?**
an urrinn ghuiw mo hoorscht don gharitsch ass aschge o^th in
FP-ist Fähigkeit zu-ihr mein° Nehmen zu-der³ ° Garage³ meist näher auf-wir
Können Sie mich bis zur nächsten Werkstatt abschleppen?

🗣 **An urrainn dhuibh mo chuideachadh?**
an urrinn ghuiw mo chudschachagh
FP-ist Fähigkeit zu-ihr mein° Helfen
Können Sie mir helfen?

AA	äi äi	brit. Automobilclub
garaid (w)	garitsch	Autowerkstatt
cead draibhaidh (m)	kätt draiwi	Führerschein
tubaist (w)	tupischt	Verkehrsunfall

🗣 **Bha tubaist orm.**
wa tupischt orrem
war Unfall auf-ich
Ich hatte einen Unfall.

🗣 **Tha cuideigin air a ghoirteachadh.**
ha kudschegin ä^th a ghorschtachagh
ist jemand nach seinem Verletzen
Es ist jemand verletzt worden.

🗣 **Feumaidh sinn carbad-eiridinn.**
feemi schiin karabad-e^th idschin
bedürfen-werden wir Krankenwagen
Rufen Sie bitte einen Krankenwagen.

ceud 's a trì deug

Über Stock & Stein

Trampen

Trampen geht gerade auf den Inseln sehr gut, da alle wissen, dass Busse nicht so häufig fahren. Einfach den Daumen raushalten und fragen:

Am faigh mi lioft gu Armadal?
am fai mi lift gu Armadal
FP bekommen-werden ich Mitfahrgelegenheit nach Armadale
Können Sie mich nach Armadale mitnehmen?

Sollten Sie über ein Auto verfügen und über eine einsame Insel sausen und sehen eine einsame Person an der Straße durch den Regen laufen, ist es nur höflich, wenn man stoppt und fragt:

A bheil sibh ag iarraidh lioft?
a wäil schiiw ak iarri lift
FP ist ihr bei Wollen Mitfahrgelegenheit
Kann ich Sie mitnehmen?

Über Stock & Stein

Fast alle Landschaftsnamen, also Berge, Flüsse, Fluren haben gälische Namen, für die es auch oft keine englische Entsprechung gibt. Wer keine Ahnung vom Gälischen hat, wird sie mit Sicherheit oft falsch aussprechen. Im Zweifelsfalle sprechen Sie sie einfach mit deutschem Akzent aus. Sie liegen damit auf jeden Fall besser, als mit irgendeinem pseudoenglischen Versuch.

Über Stock & Stein

Ein Beispiel: Baile a' Chaolais wird im Englischen als „*Ballachulish*" wiedergegeben. Es wird aber nicht „*Bälakjulisch*", sondern Ballachulisch ausgesprochen – es muss ja auch mal Vorteile haben, Deutsch als Muttersprache zu sprechen ...

allt *(m)*	aullt	Bach
craobh *(w)*	krüow	Baum
beinn *(w)*	bäin	Berg
flùr *(m)*	fluur	Blume
talamh *(m)*	talaw	Erde
creag *(w)*	kräk	Felsen
abhainn *(w)*	au'inn	Fluss
cnoc *(m)*	krochk	Hügel
feur *(m)*	fiar	Gras
làrach *(w)*	laarach	Grundstück
eilean [eilanan] *(m)*	ällan [ällanen]	Insel [Inseln]
cladach *(m)*	klatach	Küste
dùthaich *(w)*	duu'ich	Land
muir *(w)*	muth	Meer
lus *(m)*	luss	Pflanze
gainmheach *(w)*	gänawach	Sand
loch *(m)*	loch	See / Fjord
baile *(m)*	balle	Stadt / Ort
clach *(w)*	klach	Stein
preas *(m)*	präss	Strauch
gleann *(m)*, **srath** *(m)*	gleaun, straa	Tal
coille *(w)*	koilje	Wald
cluan *(w)*	kluan	Wiese

🕪 **Dè an t-ainm a tha air a' bheinn seo?**
dschee an tänem a ha äth a wäin scho
was der Name welcher ist auf dem³° Berg³ dieser
Wie heißt dieser Berg?

ceud 's a còig deug | 115

Über Stock & Stein

Càite a bheil sin air a' chlàr-dùthcha?
kaatsch a wäil schinn äth a chlaar-duucha
wo (-) ist jenes auf der³° Karte-Land³
Wo ist das auf der Landkarte?

🔊 **Tha mi air chall.**
ha mi äth chaull
ist ich nach° Verloren
Ich habe mich verlaufen.

🔊 **Tha mi a' lorg bothan airson na h-oidhche.**
ha mi a lorrek bohan ärsson na hoiche
ist ich bei Suchen Berghütte zum-Wohle der² Nacht²
Ich suche eine Berghütte für heute Nacht.

Tiere			
	iolaire *(w)*	iolä^the	Adler
	cat [*Mz:* **cait**] *(m)*	kacht [katsch]	Katze
	tunnag [*Mz:* **-an**] *(w)*	tunnak [tunnakan]	Ente
	asal *(m)*	aasal	Esel
	cailleach-oidhche *(w)*	kailjach-oiche	Eule
	cearc [*Mz:* **-an**] *(w)*	kärrak [kerkan]	Huhn
	cù [*Mz:* **coin**] *(m)*	kuu [koinn]	Hund
	bò [*Mz:* **bà**] *(w)*	boo [baa]	Kuh
	uan [*Mz:* **uain**] *(m)*	uan [uain]	Lamm
	faoileag *(w)*	föuileak	Möwe
	meanbh-chuileag *(w)* [*Mz:* **-an**]	männaw chullak [mennaw-chullakan]	(Stech-)Mücke
	each [*Mz:* **eich**] *(m)*	each [äich]	Pferd
	fitheach *(m)*	fi'ach	Rabe
	fiadh [*Mz:* **feidh**] *(m)*	fiagh [feei]	Reh
	muc [*Mz:* **-an**] *(w)*	muchk [muchkan]	Schwein
	caora [*Mz:* **-ich**] *(w)*	küora [küorich]	Schaf
	beathach *(m)*	beo'ach	Tier
	cearc fhrangach *(w)*	kärrak rankach	Truthahn
	Huhn° französisch		

Über Stock & Stein

iasg [Mz: **èisg**] (m)	iask [eeschk]	Fisch [Fische]
rionnach (m)	runnach	Makrele
sgadan (m)	skattan	Hering
bradan (m)	brattan	Lachs
breac [Mz: **bric**] (m)	breachk [brichk]	Forelle
giomach (m)	gimmach	Hummer

Fische

Dè 'n seòrsa beathach a tha seo?
dscheen schoorsa beo'ach a ha scho
was die Sorte Tier welches ist dies
Was ist das für ein Tier?

Seall, tha mi a' faicinn feidh.
schaull, ha mi a fächkinn feei
schau ist ich bei Sehen Rehe
Schau, ich sehe Rehe.

A bheil èisg anns an loch seo?
a wäil eeschk auns an loch scho
FP ist Fische in dem³° See³ dieser
Gibt es in dem See Fische?

Tha, tha bric ann.
ha, ha brichk aun
ist ist Forellen in
Ja, da sind Forellen drin.

🎵 **An toil leat iasgach?**
an toll lät iaskach
ist Wunsch mit-dir Fischen
Möchtest du fischen?

🎵 **Is toil, ach a bheil cead againn?**
s toll, ach a wäil kätt akinn
ist Wunsch aber (-) ist Erlaubnis bei-uns
Ja, aber haben wir eine Erlaubnis?

'S e dòbhran a th' ann.
schä doo'ran a h'aun
ist es Otter welcher ist in
Das ist ein Otter.

Ò tha iad cho snog.
o ha iat cho snok
oh ist sie so schön
Oh, sind die schön.

ceud 's a seachd deug | **117**

Übernachten

🕯 **Chan eil, ach gheibh sinn fear anns a' bhùth seo.**
chan jäil, ach jiw schiin fär auns a wuu scho
nicht° ist aber werden-bekommen wir ihn in dem³ ° Geschäft³ dieses
Nein, aber wir bekommen sie in diesem Geschäft.

Tha na meanbh-chuileagan uabhasach an-diugh.
ha na männaw-chullakan uawassach an-dschiu
ist die Mücken schrecklich heute
Die Mücken sind schrecklich heute.

Übernachten

Bed & Breakfast sind Privatunterkünfte und entsprechen dem deutschen „Zimmer frei". In den Vorgärten der Anbieter hängt oft ein Schild, welches Auskunft über den Standard des Hauses gibt.

Schottland bietet eine große Zahl an unterschiedlichen Übernachtungsmöglichkeiten aller Kategorien an. Das beginnt beim Luxushotel in einem Schloss und endet beim Zelten beim Bauern unterwegs. Die beliebteste Form der Unterkunft ist nach wie vor das Bead & Breakfast. Hier hat man am ehesten die Gelegenheit, Kontakt mit den Einheimischen zu bekommen, und kann auch sein Gälisch ausprobieren. Oft wird man ungläubiges Staunen ernten, wenn man die Gastgeber in ihrer eigenen Muttersprache anspricht. Nicht immer wird man eine gälische Antwort bekommen. Dies ist keine böse Absicht – viele Leute sind es einfach nicht gewöhnt, dass ein Ausländer sie auf Gälisch anspricht.

Übernachten

♪ Càite am faigh mi leabaidh is bracaist an-seo?
kaatsch am fai mi läpi is brachkischt an-scho
wo (-) bekommen-werden ich Bett und Frühstück hier
Wo bekomme ich hier ein Zimmer mit Frühstück?

♪ A bheil Gàidhlig aca an-sin?
a wäil Gaalik achka an-schinn
FP ist Gälisch bei-sie dort
Sprechen sie dort Gälisch?

♪ Tha mi a' lorg seòmar singilte / dùbailte airson oidhche.
ha mi a lorrek schoomer schingiltsche / duubeltsche ärsson oiche
ist ich bei Suchen Zimmer einzel / doppel für Nacht
Ich suche ein Einzel- / Doppelzimmer für eine Nacht.

♪ Dè tha an seòmar a' cosg airson oidhche / dà oidhche?
dschee ha an schoomer a kosk ärsson oiche / daa oiche
was ist das Zimmer bei Kosten für Nacht / zwei° Nacht
Wie viel kostet das Zimmer für eine Nacht / zwei Nächte?

Fast überall haben Sie die Möglichkeit, Kaffee oder Tee auf dem Zimmer zuzubereiten. Oft können Sie auch ein Wohnzimmer als Aufenthaltsraum im Hause nutzen. Werden Zimmer „en suite" angeboten, bedeutet dies, dass sie über ein eigenes Bad verfügen.

♪ Bu toil leam bracaist aig ochd uairean a-màireach.
bu toll läm brachkischt äk ochk ua^then a-maa^thach
wäre Wunsch mit-ich Frühstück bei acht Stunden morgen
Ich hätte gerne Frühstück um acht Uhr (morgens).

ceud 's a naoi deug | **119**

Übernachten

🛏 Chan ith mi feòil.
chan ich mi feool
nicht° essen-werde ich Fleisch
Ich esse kein Fleisch.

Dieser Hinweis eines Gastes kann eine Vermieterin zur Verzweiflung bringen. Für viele Schotten ist nämlich ein Essen ohne Fleisch kein richtiges Essen. Man wird trotzdem für Sie tun, was man kann.

🛏 Gabhaidh mi brochan / rola / tòst le càise agus tomato.
ga'i mi brochan / rolla / toost lä kaasche ages tomato
nehmen-werden ich Haferbrei / Brötchen / Toast mit Käse und Tomate
Ich werde Haferbrei / Brötchen / Toast mit Käse und Tomate nehmen.

Die örtliche Tourismusinformation ist gegen eine geringe Gebühr gerne bereit, ein Zimmer nach Ihren Vorstellungen zu suchen und für Sie zu buchen. Sie können das auch im Internet selbst tun und sogar nach Zimmern suchen, deren Anbieter Gälisch sprechen.

🛏 A bheil cluasag / plaide a bharrachd agaibh?
a wäil kluassak / pladsche a warrachk akiw
FP ist Kopfkissen / Decke (-) zusätzlich bei-ihr
Haben Sie ein weiteres Kopfkissen / eine weitere Decke?

Tha an solas briste.
ha an ssollass brischtsche
ist das Licht gebrochen
Das Licht ist kaputt.

🛏 Chan eil am fràs a' dèanamh.
chan jäil am fraas a dscheeanaw
nicht° ist die Dusche bei Machen
Die Dusche funktioniert nicht.

Übernachten

Bevor Sie das jedoch sagen, schauen Sie lieber nach, ob der Strom eingeschaltet isr. Meistens muss man den Strom für Heißwasser mit einem roten Schalter draußen an der Badezimmertür oder durch Ziehen einer Strippe im Bad selbst einschalten.

A bheil rud-eigin inntinneach ri fhaicinn an-seo?
a wäil rut-egin iintschinach ri ächkin an-scho
FP ist Ding-irgendein interessant zu° sehen hier
Gibt es hier etwas Interessantes zu sehen?

Fragen Sie Ihre Zimmerwirtin ruhig nach den Sehenswürdigkeiten der Gegend!

Tha caisteal / tursachan againn an-seo.
ha kaschtschel / tursachan akin an-scho
ist Burg / Hinkelsteine bei-wir hier
Wir haben eine Burg / Hinkelsteine hier.

Wenn Sie lieber etwas einfacher nächtigen wollen, fragen Sie einfach:

Am faod mi campadh an-seo?
am füot mi kampagh an-scho
FP dürfen ich Campen hier
Darf ich hier campen?

Càite am faigh mi osdail-òigridh / taigh-òsda?
kaatsch am fai mi ostal-ooigri / tai-oosta
wo (-) bekommen-werden ich Unterkunft-Jugend / Haus-Gast
Wo finde ich eine Jugendherberge / ein Hotel?

Essen & Trinken

Essen & Trinken

Mit einem Smartphone können Sie sich die mit einem 🔊 gekennzeichneten Sätze dieses Kapitels anhören.

Vorsicht vor den fetten Möwen draußen vor der Fischbude. Es sollen schon hungrige Touristen vor gierigen angreifenden Möwen geflohen sein!

Essen und Trinken tun auch die Schotten gerne. Die schottische Küche hat wie die britische allgemein mit den bekannten Vorurteilen zu kämpfen. Tatsache ist, dass man in Schottland hervorragend essen kann, man sollte nur wissen wo. Auskünfte gibt jede Tourismus-Information sowie die Plakette *A taste of Scotland* an der Restauranttür. Das einzige mir bekannte Edelrestaurant, in dem man auf Gälisch bestellen kann, findet man im *Caberfeidh Hotel* in Stornoway auf Lewis.

Sehr stilvoll ist natürlich ein *Fish and Chips* aus einer Bude an einem Hebridenhafen: Knuspriger Fisch im Teigmantel, dicke Fritten, gesalzen und kräftig mit Malzessig gewürzt.

biadh (m)	biagh	Essen
deoch (f)	dschoch	Getränk(e)
taigh-bidh (m)	tai-bii	Restaurant
taigh-seinnse (m)	tai-schäinnsche	Kneipe
cafaidh (m)	kaffee	Café
clàr-bidh (m)	klaar-bii	Speisekarte

Abends bietet sich ein *bar meal* im Pub (*taighseinnse* tai-schäinnsche) an. Hier bestellt man zusammen mit seinem Getränk das Essen an der Theke, bezahlt sofort, und die Bedienung bringt es an den Tisch. Im Café oder Pub erwartet niemand ein Trinkgeld. Im Restaurant gelten diesbezüglich dieselben Regeln wie bei uns.

Essen & Trinken

Frühstück

Bracaist Albannach slàn Brachkischt Allepanach slaan, das „volle schottische Frühstück" besteht aus gebackenem Speck, gebratenen Würstchen und / oder Blutwurst, Spiegeleiern, Tomate und Pilzen; vorher wird oft Haferbrei serviert. Anschließend gibt es Toast, Marmelade und Butter. Neben einem Glas Orangensaft steht die obligatorische Kanne Tee auf dem Tisch, auf Wunsch auch immer öfter Kaffee.

Für Urlauber und Gefräßige reicht so ein Frühstück oft bis zum Abend. Die Schotten essen so etwas nur selten. Meistens reicht ein Griff in die Cornflakes-Tüte, Milch drüber, Ende.

cofaidh *(m)* – **tì** *(m)*	koffi - tii	Kaffee – Tee
bainne *(m)*	bannje	Milch
siùcar *(m)*	schuuchker	Zucker
sùgh orains *(m)* *Saft Apfelsine*	ssuu orintsch	Orangensaft
brochan *(m)*, **lite** *(w)*	brochan, lichtsche	Haferbrei
uighean *(m Mz)*	uijen	Eier
uighean bruich *Eier kochen*	uijen bruich	gekochte Eier
uighean pronn *Eier gequetscht*	uijen praun	Rühreier
uighean air praighigeadh *Eier nach Braten*	uijen äth pra'igagh	Spiegeleier
hama *(m)*	hamma	Speck
isbean *(m)*	ischpen	Würstchen
marag dhubh *(w)* *Pastete schwarz*	marrak ghu	Blutwurst
marag gheal *(w)* *Pastete hell*	marrak jäl	Blutwurst ohne Blut
aran *(m)*	aran	Brot
ìm *(m)*	iim	Butter
silidh *(m)*	schili	Marmelade

ceud fichead 's a tri

Essen & Trinken

Mittagessen

Cafés bieten Kleinigkeiten, wie Sandwich und Suppen, an. Letztere sind besonders zu empfehlen. Meistens sind sie hausgemacht und sehr lecker.

Das klassische, schottische *an dìnnear* dschiinear klingt zwar wie „dinner", besteht aber meistens aus einer Suppe mit Sandwich.

brot *(m)*	brocht	Suppe
ceapaire *(m)*	keechpathe	Sandwich
càise *(m)*	kaasche	Käse
hama *(m)*	hamma	Schinken
rola *(m)*	rolla	Brötchen

Am Nachmittag nimmt der Schotte gerne ein Tässchen Tee sowie das eine oder andere Plätzchen oder auch ein Stück Kuchen. Für alle Süßigkeiten gilt, dass sie unheimlich, sagen wir mal gehaltvoll, sind – und äußerst lecker. Ein Urlaub in Schottland ist nichts für *Weight watchers,* sondern für unmäßige Genießer, die hinterher ihre Kilos wieder abtrainieren wollen.

cèic *(w)*	keeichk	Kuchen
uachdar *(m)*	uachker	Sahne
aran coirce *(m)*	arran cotheke	Haferplätzchen
briosgaid *(w)*	briskitsch	Plätzchen

Abends gibt es dann das *suipear* suichper. Hier wird warm aufgetischt. Schottische Hausmannskost erinnert in vielem an deutsche Klassiker, wie z. B. ein Stück Fleisch, Gemüse, Kartoffeln. Besonders lecker ist Lamm und Fisch. Frischer schottischer Wildlachs oder

Essen & Trinken

auch geräucherter aus North Uist direkt aus der Räucherei ist ein Hochgenuss und sein Geld wert. Oder Miesmuscheln auf Skye zusammen mit einem kühlen *eighty shillings* … Wer wissen will, was das ist, siehe unter „Getränke" nach.

feòil *(w)*	feool	Fleisch
mairtfheoil *(w)*	marschteool	Rindfleisch
muicfheoil *(w)*	muichkeool	Schweinefleisch
uan *(m)*	uan	Lamm
cearc *(w)*	kärrak	Huhn
sìthiann *(w)*	schi'on	Wild

iasg *(m)*	iask	Fisch
lèabag *(w)*	leepak	Scholle
breac *(m)*	breachk	Forelle
bradan *(m)*	brattan	Lachs
sgadan *(m)*	skattan	Hering
biadh mara *(m Mz)*	biagh marra	Meeresfrüchte

glasraich *(w)*	glasrich	Gemüse
tomato *(m)*	tomato	Tomate
sailead *(m)*	ssalat	Salat
pònairean *(w)*	poonethen	Bohnen
snèip *(w)*	sneechp	Steckrübe
peasraichean *(w Mz)*	pessrichen	Erbsen
currain *(m)*	kurren	Möhren
càl *(m)*	kaal	Kohl
colag *(w)*	kollak	Blumenkohl
uinnean [-an] *(m)*	unnean (-an)	Zwiebel(n)
buntàta *(m Mz)*	buntaata	Kartoffeln

salann *(m)*	ssallan	Salz
piobar *(m)*	pipper	Pfeffer
siùcar *(m)*	schuuchker	Zucker

ceud fichead 's a còig

Essen & Trinken

measan *(m)*	messan	Obst
abaich	apich	reif
grod	krot	faul, verdorben
ubhal *(m)*	uall	Apfel
orainsear *(m)*	oranscher	Apfelsine
plumbais *(w)*	plumisch	Pflaume
peur [*Mz:* **-an**] *(w)*	peer [-an]	Birne
ruadh-bhàrr *(m)*	ruagh-waar	Rhabarber
dearcan fìona *(w Mz)*	dschäraken fiiona	Weintrauben
sùbhagan *(w Mz)*	ssuuwakan	Himbeeren
sùbhagan-làir *(w Mz)*	ssuuwakan laa[th]	Erdbeeren

Bestellen

🎧 **Tha an t-acras orm.** 🎧 **Tha am pathadh orm.**
ha an tachkras orrem ha am pa'agh orrem
ist der Hunger auf-ich *ist der Durst auf-ich*
Ich habe Hunger. Ich habe Durst.

A bheil thu / sibh ag iarraidh biadh?
a wäil u / schiiw ak iarri biagh
FP ist du / ihr bei Wollen Essen
Willst du / Wollen Sie etwas essen?

Tha, tha mi ag iarraidh bracaist / dìnnear / suipear.
ha, ha mi ak iarri brachkischt / dschiinear / ssuichper
ist ist ich bei Wollen Frühstück / Mittagessen / Abendessen
Ja, ich möchte Frühstück / Mittag- / Abendessen.

🎧 **Am faigh mi an clàr-bidh?**
am fai mi an klaar-bii
FP bekommen-werden ich die Liste Essen
Kann ich die Speisekarte haben?

Essen & Trinken

🍴 A bheil biadh ri fhaighinn an-sco?
a wäil biagh ri ai'in an-scho
FP ist Essen zu Bekommen hier
Gibt es hier etwas zu essen?

🍴 Dè th' agaibh an-diugh?
dschee hakiw an-dschiu
was ist bei-ihr heute
Was haben Sie heute?

🍴 Bu toil leam bradan le buntàta agus glasraich.
bu toll läm brattan lä buntaata ages glasrich
wäre Wunsch mit-ich Lachs m. Kartoffeln u. Gemüse
Ich hätte gerne Lachs mit Kartoffeln und Gemüse.

🍴 A bheil feòil-caorach agaibh?
a wäil feool-küorach akiw
FP ist Fleisch-Lamm bei-ihr
Haben Sie Lammfleisch?

Dè 'n seòrsa brot a th' agaibh an-diugh?
dscheen schoorsa brocht a hakiw an-dschiu
was die Sorte Suppe welche ist bei-ihr heute
Welche Suppe haben Sie heute?

🍴 Gabhaidh mi brot an latha agus rola.
ga'i mi brocht an la'a ages rolla
nehmen-werden ich Suppe des[2] Tages[2] und Brötchen
Ich nehme die Tagessuppe und ein Brötchen.

Gabhaibh mo leisgeul, tha barrachd salann a dhìth air.
gawiw mo leschkeal, ha barrochk ssallan a jii ä[ṯh]
nehmt meine Entschuldigung ist mehr Salz welches fehlt auf-er
Entschuldigung, da fehlt Salz.

Sollten Sie zum Frühstück die kleinen Bratwürstchen verlangen, wird man Sie u. U. verwundert anschauen. Es hat sich herumgesprochen, dass Deutsche keine Frühstückswürstchen mögen. Das Gleiche gilt für den gesunden und nahrhaften Haferbrei.

ceud fichead 's a seachd 127

Essen & Trinken

Am faigh mi am piobar?
am fai mi am pipper
FP bekomme ich den Pfeffer
Kann ich den Pfeffer bekommen?

Hat man sein Essen beendet, wird man gefragt, ob es geschmeckt hat:

🎧 **An robh e math?**   🎧 **Bha e glè mhath ach bha cus ann.**
an ro ä ma   wa ä glee wa ach wa kuss aun
FP war es gut   *war es sehr° gut aber war zuviel in*
War es gut?   Es war sehr gut, aber zu viel.

Eine Standardbeilage sind Erbsen und Möhren sowie kleine Pellkartoffeln, die Sie getrost mit Schale essen können. Häufig gibt es zusätzlich noch Fritten dazu. Pellkartoffeln gelten als Gemüse, die Fritten als Kartoffelbeilage. Für Schotten ist ein Essen ohne Kartoffeln kein richtiges Essen. Das kennen wir z. B. aus der Eifel.

Bha e uabhasach math, mòran taing!
wa ä uawassach ma, mooran taing
war es schrecklich gut vielen Dank
Es war äußerst gut, vielen Dank!

🎧 **An do chòrd e ruibh?**   🎧 **Chòrd e gu mòr rium.**
an do choorschd ä riw   choorschd ä gu moor rum
FP V gefiel es zu-ihr   *gefiel es U groß zu-mir*
Hat es Ihnen   Es hat mir sehr
geschmeckt?   geschmeckt.

Am bu toil leibh cofaidh no tì?
am bu toll läiw koffi no tii
FP wäre Wunsch mit-ihr Kaffee oder Tee
Hätten Sie gerne Kaffee oder Tee?

Bu toil, gabhaidh mi tì.
bu toll, ga'i mi tii
wäre Wunsch nehmen-werden ich Tee
Ja, ich nehme Tee.

128 | ceud fichead 's a h-ochd

Essen & Trinken

Manchmal kommt leider auch das hier vor:

🗨 Tha mi duilich, ach bha e ro fhuar.
ha mi dullich, ach wa ä ro uar
ist ich bekümmert, aber war es zu° kalt
Tut mir Leid, aber es war zu kalt.

🗨 Bha an t-iasg amh.
wa an tschiask aaw
war der Fisch roh
Der Fisch war roh.

🗨 Am faigh mi an cunntas?
am fai mi an kuuntas
FP bekommen-werden ich die Rechnung
Kann ich die Rechnung haben?

Chan eil airgead gu leòr agam.
chan jäil ätheget gu leoor akam
nicht° ist Geld U genug bei-ich
Ich habe nicht genug Geld dabei.

Am bi agam ris na soithichean a nighe?
am bi akam risch na ssoi'ichen a nihe
*FP sein-werden bei-ich zu das Geschirr
zu° Reinigen*
Muss ich die Teller spülen?

Getränke / im Pub

Sind die Freuden der schottischen Küche oft hinter nebligen Bergen der Highlands verborgen, so gilt dies mit Sicherheit nicht für Ge-

ceud fichead 's a naoi 129

Essen & Trinken

tränke. Berühmt ist dieses Land für seine Unzahl an hervorragenden Single Malt Whiskies, mit den Iren wird sich liebevoll um die Erfindung dieses Lebenswassers gestritten. Für diesen Kauderwelschband gilt natürlich, dass dies eine schottische Spezialität ist. Die wenigsten wissen, dass Schottland hervorragendes Bier zu bieten hat, welches im Gegensatz zu England auch immer kalt getrunken wird.

Pubs befinden sich oft in Hotels. Dort gibt es die so genannte *lounge bar* und die *public bar*. In der *lounge bar* ist es oft ruhiger und ein wenig schicker, in der *public bar* kann's auch schon mal hoch hergehen; und wenn man sein Gälisch bei Einheimischen an der Theke ausprobieren möchte, liegt man hier richtig.

Die Pubs im Hochland schließen gewöhnlich gegen 24 Uhr, manche haben auch bis 1 Uhr geöffnet. Getränke holt man sich an der Theke selber, zahlt sofort und gibt kein Trinkgeld. Eine Besonderheit stellen die Runden

Essen & Trinken

dar. Geht man zu mehreren aus, holt einer für alle Getränke und zahlt auch alles. Es wird erwartet, dass dieses Verhalten die „Runde" macht, ist also nicht als Einladung zu verstehen.

Wenn Sie nicht Teilnehmer einer Runde sein möchten, ist dies kein Problem. Holen Sie sich einfach Ihr eigenes Getränk an der Bar. Sind Sie in der Runde, achten Sie darauf, sich zu beteiligen. Alles andere würde als unhöflich empfunden. Das würde zwar nie jemand laut sagen, ist aber so.

Wenn Sie im Hochland oder auf den Inseln in einem Pub sind, versuchen Sie bitte nicht, ein Fenster zu öffnen, auch dann nicht, wenn es drinnen drückend heiß ist. Sofort setzen Sie alle Gäste dem Angriff Myriaden von kleinen Mücken aus, und damit macht man sich keine Freunde.

taigh-seinnse *(m)*	tai-schäinnsche	Kneipe
Haus-Wechsel		
taigh-òsda *(m)*	tai-oosta	Hotel / Gasthaus
Haus-Gast		
pub *(m)*	pab	Pub

Taigh-seinnse – das Wort seinnse hat übrigens nicht mit a' seinn (singen) zu tun, obwohl man bei einer Kneipe in diesem musikalischen Land durchaus auf diesen Gedanken kommen könnte. Es handelt sich vielmehr um das englische Wort „change". Ein taigh-seinnse (*„Haus-Wechsel"*) war eine Pferdeumspannstation für die Postzustellung und Reisende, die natürlich auch Unterkunft und Verpflegung brauchten. Heute rauscht der Postbus an diesen Häusern vorbei, und es wird höchstens noch Geld gegen Getränke gewechselt.

Essen & Trinken

Alkoholische Getränke

Neben großen Namen wie MacEwan's oder Belhaven haben sich eine Anzahl kleiner Regionalbrauereien etablieren können, die leckere Starkbiere herstellen. Erwähnenswert ist die Skye Brewery in Uig. Dunkles Starkbier wird unterschieden in „forty shilling" (stark) und „eighty shilling" (noch stärker).

leann (m)	le'un	Bier
làgair (m)	laage[th]	helles Bier
pìnnt (m)	piintsch	Pint (ca. 0,6 l)
leth-phìnnt (m)	lä-fiintsch	halbes Pint
glainne (w)	glannje	Glas
botal (m)	bochtal	Flasche

fìon (m)	fiion	Wein
fìon dearg (m)	fiion dschärrak	Rotwein
fìon geal (m)	fiion gäl	Weißwein

uisge-beatha (m)	üschke-bäha	Whisky
Wasser-Leben		
mac na bracha (m)	machk na bracha	Single Malt
Sohn des[2] Malzes[2]		
uisge-beatha pòsda (m)	üschke-bäha poosta	Blended Whisky
Wasser Leben[2] verheiratet		
tè bheag (w)	tschee wäk	ein Kleiner
Ding(w)° klein		
tè mhòr (w)	tschee woor	ein Doppelter
Ding(w)° groß		

Wortwörtlich bedeutet uisge-beatha „Wasser des Lebens" und aus dem Wort uisge hat sich „Whisky" entwickelt. Allein die vielen Destillerien rechtfertigen einen wochenlangen Aufenthalt in Schottland, aber Vorsicht:

Na òlaibh cus!
na ooliw kuss
nicht trinkt zuviel
Trinken Sie nicht zu viel!

Nichtalkoholische Getränke

uisge (m)	üschke	Wasser
còc (m)	koochk	Coca Cola
sùgh orains (m)	ssuu orintsch	Orangensaft

Essen & Trinken

🔊 **Gabhaidh mi pinnt làgair.**
ga'i mi piintsch laage[th]
nehmen-werden ich Pint Lagerbier
Ich nehme ein Pint Lagerbier.

Also ran an die Bar und bestellen …

🔊 **Bu toil leam glaine fion dearg.**
bu toll läm glannje fiion dschärrak
wäre Wunsch mit-mir Glas Wein rot
Ich hätte gerne ein Glas Rotwein.

Tha mi ag iarraidh Tailisgeir le beagan uisge ach gun deigh.
ha mi ak iarri Talischke[th] lä bäkan üschke ach gun dscheei
ist ich bei Wollen Talisker mit ein-Weniges Wasser aber ohne Eis
Ich möchte einen Talisker mit ein wenig Wasser, aber ohne Eis.

Sie möchten jemanden auf einen Drink einladen:

🔊 **A bheil thu ag iarraidh deoch?** **Tha.** **Chan eil.**
a wäil u ak iarri dschoch ha chan jäil
FP ist du bei Wollen Getränk *ist* *nicht° ist*
Willst du was zu trinken? Ja. Nein.

In die Runde gefragt:

Dè ghabhas sibh / tu ri òl?
dschee ga'as schiiw / tu ri ool
was nehmen-werden ihr / du zu trinken
Was trinkt ihr / trinkst du?

🔊 **Slàinte mhath!** **Slàinte mhòr!**
slaantsche wa slaantsche woor
Gesundheit° gut *Gesundheit° groß*
Prost! Prost!

ceud fichead 's a trì deug | **133**

Einkaufen

Tha e air a mhisg!
ha e äth a wischk
ist er auf seiner° Trunkenheit
Er ist betrunken!

Tha an deoch oirre!
ha an dschoch orre
ist das Getränk auf-sie
Sie ist betrunken!

Der Tag danach ...

Tha ceann goirt orm.
ha keaun gorscht orrem
ist Kopf verletzt auf-ich
Ich habe einen dicken Kopf.

Tha mi sgìth.
ha mi skii
ist ich müde
Ich bin müde.

Einkaufen

Das Einkaufen geschieht auch auf den Hebriden und im Hochland immer öfter in Supermärkten. Dort wird sich weniger unterhalten als in den kleinen Tante-Mòrag-Läden auf dem Dorf. In diesen aber kann man seine ersten Brocken Gälisch gut anwenden. Sie werden damit echte Überraschung hervorrufen. Möglicherweise wird aber auch auf Englisch geantwortet. Gerade beim Bezahlen kann es für den ungeübten Gälischsprecher schnell kompliziert werden, selbst viele Gälen benutzen die englischen Zahlwörter.

bùth *(w)*	buu	Geschäft
fosgailte	foskiltsche	geöffnet
dùinte	duuntsche	geschlossen
sporan *(m)*	sporran	Geldbörse
baga *(m)*	baka	Tasche
baga plastaig *(m)*	baka plastik	Plastiktüte
Tasche Plastik		
bocsa *(m)*	bochksa	Kiste

134 | ceud fichead 's a ceithir deug

Einkaufen

🎵 Cuin a a' dh' fhosglas a' bhùth?
kuin a ghosklas a wuu
wann (-) öffnen-werden das° Geschäft
Wann wird der Laden geöffnet sein?

🎵 Fosglaidh a' bhùth aig trì uairean.
foskli a wuu äk trii ua[th]en
öffnen-werden das° Geschäft bei drei Stunden
Das Geschäft öffnet um drei Uhr.

🎵 Dè tha sibh ag iarraidh?
dschee ha schiiw ak iarri
was ist ihr bei Wollen
Was wollen Sie? / Was hätten Sie gern?

Bu toil leam rud-eigin an aghaidh nam meanbh-chuileagan.
bu toll läm rut-egin an a'i nam männaw-chullakan
wäre Wunsch mit-ich Ding-irgendein angesichts der[2] Mücken[2]
Ich hätte gerne irgendetwas gegen die Mücken.

🎵 **Tha mi a' lorg ...** ha mi a lorrek ... *ist ich bei Suchen ...* Ich suche ...	🎵 **A bheil ... agaibh?** a wäil ... akiw *FP ist ... bei-ihr* Haben Sie ...?	*In die nebenstehenden Sätze können Sie einsetzen, was Sie suchen bzw. kaufen möchten.*

🎵 Chunnaic mi ... anns an uinneag.
chunnik mi ... auns an unjak
sah ich ... in dem[3]° Fenster[3]
Ich habe ... im Schaufenster gesehen.

ceud fichead 's a còig deug

Einkaufen

Ein schönes Mitbringsel sind handgearbeitete Schachfiguren aus Stein von der Insel Lewis, die nach Originalfundstücken aus der Wikingerzeit gearbeitet wurden. Die Tourismusinformation in Stornoway verrät, wo Sie sie bekommen. Handgestrickte Pullover können Sie häufig auch privat erwerben. Achten Sie einfach auf Schilder am Straßenrand, die auf Handarbeiten aufmerksam machen.

Chan e am fear sin, am fear ri thaobh!
chan e am fär schinn, am fär ri hüow
nicht° -ist es jenes Ding(m) jenes das Ding(m) zu° (seiner-)Seite
Nicht das, das daneben!

An leithid seo?
an le'idsch scho
ein Solches dies
So etwas?

Tha mi eadar dà bheachd.
ha mi ätter daa weachk
bin ich zwischen zwei° Meinungen
Ich kann mich nicht entscheiden.

pàipear-naidheachd (Gearmailteach) *(m)*	paaichper-nai'achk (Gerremaltschach)	Zeitung (deutsche)
Papier-Nachricht (deutsch)		
peann *(m)*	peaun	Stift
pàipear-sgrìobhaidh *(m)*	paaichper-skriiwi	Briefpapier
Papier-Schreiben[2]		
leabhar *(m)*	ljo'or	Buch
briogais *(w)*	brikisch	Hose
brògan *(w)*	brookan	Schuhe
geansaidh *(m)*	genssi	Pullover
seacaid *(w)*	scheachkidsch	Jacket
lèine *(w)*	leene	Hemd
lèine T *(w)*	leene tii	T-Shirt
còta *(m)*	koochta	Mantel
deise *(w)*	dschesche	Anzug
ad *(w)*	att	Hut

Einkaufen

fàinne *(m/w)*	faanje	Ring
fèile *(m)*	feele	Kilt
pìob *(w)*	piip	Dudelsack
fideag *(w)*	fidschak	Flöte
clàrsach *(w)*	klaarssach	Harfe
clàr *(m)*	klaar	CD
clò Hearadh *Stoff Harris*	kloo härragh	Harris-Tweed
fir taileisg *Männer Schach[2]*	fi[th] talischk	Schachfiguren

Damit Sie auch schöne bunte Sachen kaufen können, hier die wichtigsten Farben:

dath *(m)*	da	Farbe
dathach	da'ach	farbig
dearg	dschärrak	rot
ruadh	ruagh	rostrot
gorm	gorrem	blau / blattgrün
liath	lia	graublau
glas	glass	grau
uaine	uanje	grün / türkis
geal	gäl	weiß
buidhe	bui'e	gelb
pinc	pink	rosa
dubh	du	schwarz
donn	daun	braun

A bheil seo agaibh ann an dath eile?
a wäil scho akiw aun an da äle
FP ist dies bei-ihr in (-) Farbe andere
Haben Sie das auch in einer anderen Farbe?

Bank

Bank

Die britische Währung Pound Sterling gilt auch in Schottland. Die schottischen Banken geben aber auch eigene Banknoten heraus. Diese schottischen Geldscheine werden südlich der Grenze nicht unbedingt gerne genommen; englisches Geld wird jedoch überall in Schottland akzeptiert.

Banken sind im Hochland relativ dünn gesät. Immer mehr Verbreitung finden die Geldautomaten. Auf Englisch nennt man diese „the hole in the wall". Auf Gälisch sagt man:

🔊 **an toll anns a' bhalla**
an toull auns a walla
das Loch in der³° Wand³
Geldautomat

Wo weder Bank noch Automat ist, kommt mehrere Male in der Woche der Bankbus. Bankbusse akzeptieren oft keine Schecks oder Kreditkarten. Daher können Sie dort Geld nur in bar tauschen.

🔊 **Bu toil leam Eòro iomlaid gu pùnnd Albannach.**
bu toll läm Eooro iumlidsch gu puunt Allepanach
wäre Wunsch mit-ich Euro Wechseln nach Pfund schottisch
Ich würde gerne Euro in schottische Pfund wechseln.

Geld & Bezahlen

Geld & Bezahlen

Das Pfund Sterling hat übrigens nichts mit der schottischen Stadt Stirling zu tun. Der Begriff leitet sich von „Osterling" ab. Damit wurde ursprünglich die Silberwährung der Hansestädte bezeichnet, die durch die engen Handelsbeziehungen bis London kam. Da dieses Silbergeld aus dem Osten kam, wurde es „Osterling" genannt. Übrig blieb „Sterling". Auch Silber mit einem bestimmten Reinanteil wird Sterling-Silber genannt.

Mit einem Smartphone können Sie sich die mit einem 🎵 gekennzeichneten Sätze dieses Kapitels anhören.

🎵 **Dè na tha sin?**
dschee na ha schinn
was das ist jenes
Was macht das?

🎵 **Dè tha sin a' cosg?**
dschee ha schinn a kosk
was ist jenes bei Kosten
Was kostet das?

🎵 **A bheil sibh a' gabhail càirt-chreidis / seic?**
a wäil schiiw a ga'al kaarscht-chredisch / schäichk
FP ist ihr bei Nehmen Karte-Kredit / Scheck
Nehmen Sie Kreditkarten / einen Scheck?

not *(m Ez)*	nocht	(1) Pfund *(Banknote)*
notaichean *(m Mz)*	nochtichen	Pfund
sgillin *(w)*	skillin	Pence

🎵 **Tha sin a' cosg not.**
ha schinn a kosk nocht
ist jenes bei Kosten Note
Das kostet ein Pfund.

🎵 **Tha sin …**
ha schinn …
ist jenes …
Das macht …

Geld & Bezahlen

Geben Sie Ihr schottisches Geld in Schottland aus. Wenn sie es in Deutschland zurücktauschen wollen, werden sie auf Banken oft angeschaut, als wollten Sie eine Währung vom Südpol einhandeln.

dà not	daa nocht	zwei Pfund
zwei° Note		
trì notaichean	trii nochtichen	drei Pfund
drei Noten		
aon not deug	üon nocht dschiak	elf Pfund
eins° Note zehn		
dà not dheug	daa nocht jiak	zwölf Pfund
zwei° Note zehn		
trì notaichean deug	trii nochtichen dschiak	dreizehn Pfund
drei Noten zehn		
fichead not	fichet nocht	zwanzig Pfund
zwanzig Note		

Der Gäle bezeichnet das Geld nur als (Bank-)Note, im Gälischen werden „Pence" auch heute noch als „Schilling" bezeichnet.

not ach sgillin
nocht ach skillin
Note aber Pence
99 Pence

dà not ach sgillin
daa nocht ach skillin
zwei° Note aber Pence
1,99 Pfund

not gu leth sgillin
nocht gu lä skillin
Note nach halb Pence
1,50 Pfund

naoi notaichean ach sgillin
nüoi nochtichen ach skillin
neun Noten aber Pence
8,99 Pfund

Nachdem wir den Preis vernommen haben, kann es durchaus sein, dass wir nichts mehr kaufen möchten. So hält man sein Geld zusammen.

Geld & Bezahlen

Tha sin daor! **🔊 Tha sin ro dhaor.**
ha schinn düor   ha schinn ro ghüor
ist jenes teuer *ist jenes zu° teuer*
Das ist teuer!   Das ist zu teuer.

🔊 Mòran taing, ach chan eil mi ag iarraidh sin.
mooran taink, ach chan jäil mi ak iarri schinn
Vieles Dankes[2] aber nicht° ist ich bei Wollen jenes
Vielen Dank, aber das möchte ich nicht.

Bu toil leam sin, ach chan eil airgead gu leòr agam.
bu toll läm schinn, ach chan jäil ä[th]eget gu leoor akam
wäre Wunsch mit-ich jenes aber nicht° ist Geld U genug bei-ich
Ich hätte das gerne, aber ich habe nicht genug Geld (dabei).

ceud dà fhichead 's a h-aon | **141**

Post

Die Poststellen in Schottland erkennt man an einem roten Schild mit der Aufschrift „post office" bzw. oifis a' phuist. Oft sind die Poststellen in die Lebensmittelgeschäfte integriert. Auf den Hebriden können Sie auf der Post Gälisch sprechen, oft werden aber Postgeschäfte auch in Englisch abgehandelt.

oifis a' phuist (w)	ofisch a fuscht	Post
Büro der²° Post²		
càirt phuist (w)	kaarscht fuscht	Postkarte
Karte postalisch		
litir (w)	lichtschi[th]	Brief
stampaichean (m Mz)	stampichen	Briefmarken
bocsa litrichean (m)	bochksa lichtrichen	Briefkasten
Kasten Briefe		

Bu toil leam stampaichean don Ghearmailt.
bu toll läm stampichen don Jerremaltsch
wäre Wunsch mit-ich Briefmarken zu-dem³° Deutschland³
Ich hätte gerne Briefmarken für Deutschland.

Bu toil leam sin a chur don Eilbhis / don Ostair.
bu toll läm schinn a chur don Ällewisch / don Oste[th]
wäre Wunsch mit-ich jenes zu Schicken zu-die³° Schweiz³ / zu-die³° Österreich³
Ich möchte dies nach Deutschland / in die Schweiz / nach Österreich schicken.

Telefon & Internet

Das klassische rote Telefonhäuschen ist auch in Schottland immer mehr durch „Glashauben" ersetzt worden. Trotzdem findet man immer noch Telefonzellen, die völlig einsam in der Landschaft herumstehen, selbstverständlich funktionieren, und in denen man sich anrufen lassen kann. Gerade in Gegenden, in denen der Mobilfunkempfang schlecht ist, sind sie oft der einzige Kontakt zur Außenwelt. Mobilfunknetze decken allerdings zunehmend immer größere Gebiete Schottlands gut ab.

Deutsche Mobiltelefone funktionieren auch in Schottland. Auch auf den Hebriden-Inseln ist der Empfang ausgezeichnet. Im Hochland kann es durch die Berge zu großen Funklöchern kommen.

Telefon & Telefonieren

A bheil fòn ann an-seo?
a wäil foon aun an-scho
FP ist Telefon in hier
Gibt es hier ein Telefon?

Chan eil am fòn-làimhe agam ag obrachadh.
chan jäil am foon-laaiwe akam ak obrachagh
nicht° ist das Telefon-Hand bei-ich bei Funktionieren
Mein Mobiltelefon funktioniert nicht.

Telefon & Internet

🕻 Am faod mi am fòn agaibh a chleachdadh?
am füot mi am foon akiw a chleachkagh
FP dürfen ich das Telefon bei-ihr zu Benutzen
Darf ich Ihr Telefon benutzen?

fòn (m) *Telefon-Hand²*	foon	Telefon
fòn-làimhe (m)	foon-laaiwe	Mobiltelefon
bocsa fòn (m) *Kasten Telefon*	bochksa foon	Telefonzelle
leabhar fòn (m) *Buch Telefon*	ljo'or foon	Telefonbuch
cuir [a' cur] fòn gu	ku^th [a kur] foon gu	telefonieren
àireamh fòn (w) *Nummer Telefon*	aa^thew foon	Telefonnummer
tog [a' togail] sìos	tok [a tokal] schiios	abnehmen
culr [a' cur] sìos	ku^th [a kur] schiios	auflegen

In Schottland meldet man sich am Telefon mit Halò (Hallo!)

🕻 Am faod mi fònadh?
am füot mi foonagh
FP dürfen-werden ich Telefonieren
Kann / Darf ich mal telefonieren?

Halò, cò (a) tha (a') bruidhinn?
haloo, ko (a) ha (a) bri'in
hallo wer (welcher) ist (bei) Sprechen
Hallo, wer spricht da?

Halò, seo Màiri.
haloo, scho Maa^thi
hallo dieses Màiri
Hallo! Hier ist Mary.

Telefon & Internet

Am faod mi bruidhinn ri Alasdair?
am füot mi bri'in ri Älisteth
FP dürfen-werden ich Sprechen zu Alasdair
Kann ich mit Alexander sprechen?

Chan eil Alasdair a-staigh.
chan jäil Älisteth e-stai
nicht° ist Alasdair drinnen
Alexander ist nicht da.

Fuirichibh mionaid!
futhichiw minadsch
wartet Minute
Einen Moment, bitte.

Feuchaidh mi a-rithist e.
fiachi mi a-ri'ischt ä
versuchen-werden ich wieder es
Ich rufe nochmal an.

Den besten Mobilfunkempfang hat man buchstäblich am Ende der Welt, wo man es nicht erwartet. Die Insel Lewis ist sehr flach und hatte seit Beginn des Mobilfunkzeitalters einen störungsfreien Empfang. Gott sei Dank haben Mobiltelefone eine Taste zum Abschalten.

Internet

eadar-lìon *(m)*	ätter-liin	Internet
zwischen-Netz		
post-dealain *(m)*	post-dschällan	E-Mail
Post-Strom		
coimpiutair *(m)*	kompiuter	Rechner
luch *(w)*	luch	Maus
clò-bhualadair *(m)*	kloo-wualadeth	Drucker
Druck-Schläger		
foillsear *(m)*	fojlschar	Monitor
Enthüller		

ceud dà fhichead 's a còig **145**

Telefon & Internet

Es gibt für die meisten Computerbegriffe auch ein gälisches Wort. Viele davon verstehen ältere Muttersprachler aber nicht. Unter jüngeren Leuten bzw. denen, die die Sprache bewusst gelernt haben, sind sie allerdings durchaus üblich.

A bheil cafaidh eadar-lìn an-seo?
a wäil kaffee ätter-liin an-scho
FP ist Café zwischen-Netz hier
Gibt es hier ein Internet-Café?

Bu toil leam coimhead air na puist-dealain agam.
bu toll läm koijet äth na puscht-dschällan akam
wäre gut mit-ich Schauen auf die Post-Strom² bei-ich
Ich würde gerne meine E-Mails abrufen.

Fotografieren

Immer wieder beliebt ist der Klassiker „Mann im Kilt vor Burg". Das Ganze am besten noch dudelsackspielenderweise. An vielen touristischen Sehenswürdigkeiten stehen solche Motive wie zufällig herum, und dann können Sie die Gelegenheit gerne nutzen. Achten Sie aber darauf, dass der Kilt eine ganz normale Festagskleidung und für einige Menschen auch Alltagskleidung ist.

Sie sollten in jedem Falle fragen, ob Sie von der betreffenden Person ein Foto machen dürfen. Filme sollten Sie von zu Hause mitbringen, da sie in Schottland sehr teuer sein können.

camara *(m)*	kamara	Fotoapparat
film dathach *(m)*	fillem dahach	Farbfilm
Film farbig		
film dubh is geal *(m)*	fillem du is geal	Schwarz-Weiß-Film
Film schwarz und weiß		
a' togail dealbh	a tokal dschällaw	ein Foto machen, fotografieren

🕭 **Am faod mi dealbh a thogail dhiubh?**
am füot mi dschällaw a hokal ju
FP dürfen ich Bild zu Nehmen von-ihr
Darf ich ein Bild von Ihnen machen?

🕭 **Am b' urrainn dhuibh dealbh a thogail dhinn.**
am burrinn ghuiw dschällaw a hokal jiin
FP wäre Fähigkeit zu-ihr Bild zu Nehmen von-wir
Könnten Sie ein Bild von uns machen?

ceud dà fhichead 's a seachd

Krank sein

Krank sein

In Schottland sprechen alle Ärzte Englisch. Mit den folgenden Phrasen können Sie sich aber weiterhelfen, bis der Arzt kommt. Wenn es nicht ganz so schlimm ist, finden Sie einfache Medikamente gegen Grippe, Schmerzen usw. in jedem Supermarkt.

🔊 **Tha mi tinn.**
ha mi tschiin
ist ich krank
Ich bin krank.

🔊 **Dè tha ceàrr ort?**
dschee ha keaar orscht
was ist falsch auf-du
Was fehlt dir?

🔊 **Tha mi lag.**
ha mi lak
bin ich schwach
Mir ist schwindelig. / Ich fühle mich schwach.

🔊 **Tha mi leatromach.**
ha mi lätroumach
ist ich schwanger
Ich bin schwanger.

🔊 **Tha mo chas briste.**
ha mo chass brischtsche
ist mein° Bein gebrochen
Ich habe mir mein Bein gebrochen.

oder auch „meinen Fuß"

🔊 **Tha mi air cur a-mach.**
ha mi äth kur a-mach
bin ich nach Tun heraus
Ich habe mich erbrochen.

Im Gälischen „hat" man keine Schmerzen, sondern Schmerzen sind „auf" (air äth) der betreffenden Person. Mit folgendem Mustersatz und der kleinen Tabelle kann man seine Befindlichkeiten ausdrücken.

Krank sein

🔹 Tha ... orm.
ha ... orrem
ist ... auf-ich
Ich habe ...

🔹 Tha an cnatan orm.
ha an krachtan orrem
ist die Erkältung auf-ich
Ich habe eine Erkältung.

an cnatan (m)	an krachtan	die Erkältung
an dèideadh (m)	an dscheedschagh	das Zahnweh
an tùchadh (m)	an tuuchagh	die Heiserkeit
an lòinidh (m)	an looni	das Rheuma
a' chuing (w)	a chuink	das Asthma
an grèim (m)	an greem	die Lungen-entzündung
tinneas an t-siùcair (m) *Krankheit des² Zuckers²*	tschinneas an tschuchke^th	Diabetes
am fiabhras (m)	am fiawras	das Fieber
an casad (m)	an kasset	der Husten
an aileag (w)	an alak	der Schluckauf
pian (m Mz)	pian	Schmerzen
tinneas mara (m) *Krankheit Meeres²*	tschinneas mara	Seekrankheit
a' bhuineach (w)	a wuineach	der Durchfall

Wenn Sie ansonsten unpässlich sind, können Sie mit dem folgenden Satz und der Liste auf Ihre Pein aufmerksam machen. Sie müssen aus der Liste „Der Körper" den bestimmten Artikel weglassen, und dürfen nicht vergessen, dass mo das folgende Wort leniert.

Tha mo cheann / mo dhruim goirt.
ha mo chjaun / mo ghruim gorscht
ist mein° Kopf / mein° Rücken weh
Mein Kopf / Rücken tut weh.

Krank sein

🎧 **Tha mo ... goirt.**
ha mo ... gorscht
ist mein° ... schlecht
Mein .... tut weh.

Der Körper

an gàirdean (m)	an gaarschdschen	der Arm
[Mz: **na gàirdeanan**]	[na gaarschdenen]	
an t-sùil (w)	an tuul	das Auge
[Mz: **na sùilean**]	[na ssuulen]	
a' bhrù (w)	a wruu	der Bauch
a' chas (w)	a chass	das Bein;
[Mz: **na casan**]	[na kassan]	der Fuß
am broilleach (m)	am broiljach	die Brust (Brustkorb)
a' chìoch (w)	a chiioch	die (weibliche) Brust
am mionnach (m)	am minnach	der Darm
an uileann (w)	an ulan	der Ellenbogen
am meur (m)	am miar	der Finger
[Mz: **na meòirean**]	[na meoothen]	
an ìne (w)	an iine	der Finger- / Zehennagel
[Mz: **na h-ìnean**]	[na hiinen]	
an tòn (w)	an toon	das Gesäß
an aghaidh (w)	an a'i	das Gesicht
am falt (m Mz)	am falt	die Haare (Haupthaar)
an amhach (w)	an awoch	der Hals
an làmh (w)	an laaw	die Hand
an cridhe (m)	an kri'e	das Herz
an smiogaid (m)	an smiketsch	das Kinn
a' ghlùn (w)	a ghluun	das Knie
[Mz: **na glùinean**]	[na gluunen]	
an cnàimh (m)	an kraaw	der Knochen
[Mz: **na cnàimhean**]	[na kraawen]	
an ceann (m)	an keaun	der Kopf

150 | ceud dà fhichead 's a deich

Krank sein

an grùthan (m)	an gruuhan	die Leber
na bilean (w Mz)	na bilen	die Lippen
an sgamhan (m)	an skawan	die Lunge
an stamag (w)	an stamak	der Magen
am beul (m)	am bial	der Mund
an t-sròn (w)	an troon	die Nase
na dùbhagan (w Mz)	na duuwaken	die Nieren
a' chluas (w)	a chluas	das Ohr
[Mz: na cluasan]	[na kluassan]	
am bod (m)	am bott	der Penis
an druim (w)	an druim	der Rücken
am faighean (m)	am fai'an	die Vagina
am fiacal (m)	am fiachkal	der Zahn
[Mz: na fiaclan]	[na fiachklen]	
an òrdag (w)	an oordak	der Zeh
[Mz: na h-òrdagan]	[na hoordakan]	
an teanga (w)	an tschänga	die Zunge

ceud dà fhichead 's a h-aon deug | 151

Krank sein

🔊 **Feumaidh mi ...**
feemi mi ...
bedürfen ich ...
Ich brauche ...

In diesen Satz können Sie die folgenden Begriffe unverändert einfügen:

fiaclair *(m)*	fiachkleth	Zahnarzt
dotair *(m)*	dochteth	Doktor
carbad-eiridinn *(m)*	karrebat-ethidschinn	Krankenwagen
taigh-eiridinn *(m)*, **ospadal** *(m)*	tai-ethidschinn, ospatal	Krankenhaus
bùth-chungaidhean *(w)*	buu-chungi'en	Apotheke
Geschäft-Apotheke		
acainn *(w)*	achkinn	Salbe
pilichean *(m Mz)*	pillichen	Tabletten
leighas *(m)*	lee'ass	Medizin
pùdar *(m)*	puuder	Puder
leighas-fuasglaidh *(m)*	lee'ass-fuasgli	Abführmittel
Medizin-Lösen²		
leighas-casad *(m)*	lee'ass-kassat	Hustensaft
Medizin-Husten²		
plàst *(m)*	plaast	Pflaster
bann *(m)*	baun	Verband
òrdugh-cungaidh *(m)*	oordu-chungi	Rezept
Bestellung-Medizin		

Jetzt wird alles wieder gut:

🔊 **A bheil thu nas fheàrr?** 🔊 **Tha mi ceart gu lèor.**
a wäil u naschaar   ha mi kärscht gu leoor
FP ist du mehr gut   *ist ich richtig U genug*
Geht es dir besser?   Ich bin in Ordnung.

ceud dà fhichead 's a dhà dheug

Krank sein

🔊 **Fhuair mi snathad.**
hua^th mi sna'at
bekam ich Nadel
Ich habe eine Spritze bekommen.

bruis-chinn *(w)*	brusch-chiin	Bürste	**Hygiene**
Bürste-Kopf²			
acainn *(w)*	achkenn	Creme, Lotion	
tubhailt *(w)*	tuwaltsch	Handtuch	
cìr *(w)*	kii^th	Kamm	
neapaigean pàipeir *(m)*	neachpigen paaichpe^th	Papiertaschentuch	
Tuch Papier²			
beàrr-sgian *(m)*	beaar-skian	Rasierapparat	
Rasieren-Messer			
bèarr [a' bearradh]	beaar [a bearragh]	rasieren	
lannan do bheàrr-sgian *(m)*	lannan do weaar-skian	Rasierklinge	
Klingen zu° Rasieren-Messer			
siosar *(m)*	schisser	Schere	
siabann *(m)*	schipan	Seife	
siabann-fuilt *(m)*	schipan-fuultsch	Shampoo	
Seife-Haar²			
stùpaid *(w)*	stuuchpitsch	Tampon	
pàipear-tòin *(m)*	paaichper-ton	Toilettenpapier	
Papier-Hintern²			
badan *(m)*	batan	(Baby-)Windel	
a' bruiseadh fhiaclan	a bruschagh fiachklan	Zähne putzen	
bei Bürsten Zähne			
uachdar-fhiaclan *(m)*	uachker-iachklan	Zahnpasta	
Creme-Zähne²			
bruis-fhiaclan *(w)*	brusch-iachklan	Zahnbürste	
Bürste-Zähne²			

ceud dà fhichead 's a trì deug | **153**

Rauchen

Rauchen

Das Rauchen in öffentlichen Gebäuden und Flughäfen ist nicht gestattet, und in der Landschaft sollte man wegen der Brandgefahr sehr vorsichtig sein. Es versteht sich von selbst, dass man die Kippen nicht in der Gegend herumschnippt.

Kettenraucher sollten sich überlegen, ob sie nach Schottland fahren. In fast keinem anderen Land sind Zigaretten teurer als hier. Aus diesem Grund lässt sich auch nicht so schnell eine Zigarette schnorren wie bei uns. Es ist einfach zu teuer. In Restaurants ist – während die Gäste speisen – das Rauchen nicht gestattet. Gute Häuser haben einen Rauchersalon, in dem man nach dem Essen einen Kaffee oder Digestif zu sich nimmt oder eine Zigarette. In Kneipen darf (noch) geraucht werden, das gilt auch für die Lounge Bars der Hotels. Allerdings sollte man dort auch Rücksicht auf speisende Gäste nehmen.

Wer es gar nicht lassen kann, fragt vorsichtshalber:

Am faod mi smocadh an-seo?
am füot mi smochkegh an-scho
FP dürfen-werden ich Rauchen hier
Darf ich hier rauchen?

Sollte die Antwort lauten faodaidh füoti (ja) ist alles in Ordnung. Andernfalls stecken Sie die Packung wieder weg und können Folgendes sagen:

Tha mi duilich, cha robh fhios agam.
ha mi dullich, cha ro iss akam
ist ich bedauerlich nicht° war Wissen bei-ich
Tut mir Leid, das wusste ich nicht.

Toilette

Toilette

Die Toiletten in Großbritannien funktionieren etwas anders als bei uns. Wenn Sie abziehen möchten, sollten Sie den entsprechenden Hebel sehr kräftig herunterdrücken, sonst kommt nämlich nichts. Im Allgemeinen sind öffentliche Toiletten sauberer als bei uns. Selbst in den entlegensten Regionen findet sich mit Sicherheit neben einer Sehenswürdigkeit auch eine vernünftige Toilette, meistens sogar behindertengerecht.

Auf den Inseln können Kneipen-Toiletten auch gälisch beschriftet sein. Auf den Türen steht M und F. Das heißt mitnichten „male" und „female", sondern Mnathan mrahan (Frauen) und Firfith (Männer). Also schön aufpassen, auch nach dem fünften Pint!

Càite a bheil an taigh-beag?
kaatsch a wäil an tai-bäk
wo (-) ist das Haus-klein
Wo ist die Toilette?

Chan eil pàipear-tòin ann.
chan jäil paaichper-ton aun
nicht° ist Papier-Hintern da
Es gibt kein Toilettenpapier.

Schimpfen & Fluchen

Schimpfen & Fluchen

Schimpfen und Fluchen sollte man in einer fremden Sprache nur sehr bedingt. Aber manchmal gibt es Situationen, in denen es weiterhilft. Hier einige allgemeinverträgliche Ausdrücke für brenzlige Situationen. Die richtig kräftigen lernen Sie ohnehin am besten in einer Gaststätte Ihres Vertrauens.

Cac!	kachk	Scheiße!
Daingead!	dainget	Verdammt!
Òinsich!	oonschich	Blöde Ziege!
Blöde		
Amadain!	amadan	Idiot!
Dearg amadain!	dschärrak amadan	Vollidiot!
roter Idiot		
Thalla a bhallgair!	halla a wallaga[th]	Verschwinde, du Sack!
Mach a-seo!	mach a-scho	Raus hier!
Pòg mo thòn!	poog mo hoon	Leck mich am Arsch!
küss mein° Hintern		
Fan sàmhach!	fan ssaawach	Halt die Klappe!
bleib leise		
O mo chreach!	o mo chreach	Um Gottes Willen!
oh mein° Ruin		

Tha thu gam chur drol.
ha u gam chur droull
ist du bei-mein° Tun unangenehm
Du hängst mir zum Hals raus. /
Du langweilst mich.

Weitere Titel für die Region von REISE KNOW-HOW

Reiseführer Schottland

A. Großwendt, H. Cordes, A. Braun

978-3-8317-2462-8

564 Seiten | 23,90 Euro [D]

Wanderführer Die schottischen Highlands

J. Sykes

978-3-8317-2627-1

276 Seiten | 14,90 Euro [D]

Landkarte Schottland

1:400.000

978-3-8317-7322-0

9,95 Euro [D]

Reiseführer Schottland:
Alle reisepraktischen Informationen von A bis Z

Wanderführer Die schottischen Highlands:
Ausgewählte Routen der schottischen Highlands mitsamt der Insel Skye

Landkarte Schottland:
100% wasserfest, praktisch unzerreißbar, beschreibbar wie Papier, GPS-tauglich

www.reise-know-how.de

Literaturhinweise

Die hier genannten Bücher / Schriften sind nicht über den Reise Know-How Verlag erhältlich!

Wer jetzt nicht mehr schlafen kann, bis er Schottisch-Gälisch fließend beherrscht – bitte keine Pillen nehmen, sondern folgende Bücher:

Bezugsmöglichkeit aus Schottland für Bücher und CD's mit traditioneller Musik:

- **Comhairle nan Leabhraichean – The Gaelic Books Council,** 22 Mansfield Street, Glasgow. Online-Bestellung über: www.gaelicbooks.net

- **Ur-Sgeul** vertreibt gälische Romane und Kurzgeschichten: www.ur-sgeul.com

Lehrmaterial & Grammatik

- **Lehrbuch der schottisch-gälischen Sprache,** von Michael Klevenhaus, 2009, XXXII, 372 S. und eine MP3-CD. ISBN-978-3-87548-520-2

- **Begleitheft,** von Michael Klevenhaus, mit Lösung der Aufgaben und Übersetzung der Dialoge, 2009. 72 Seiten.

Taschen-Lexikon für Anfänger

- **Abair Faclair,** Englisch-Gälisch, Gälisch-Englisch, Gairm Publications

Gälischkurse in Deutschland

- **Deutsches Zentrum für Gälische Sprache & Kultur,** Postfach 7665, 53076 Bonn
  Tel. 0151-54755225, Fax: 0228-234018
  Internet: www.schottisch-gaelisch.de
  E-mail: info@schottisch-gaelisch.de

Literaturhinweise

Gälischkurse in Schottland (Sommerferienkurse)

●**Sabhal Mòr Ostaig**
Sommer-Ferienkurse
Slèite, an t-Eilean Sgitheanach IV44 8RQ,
Tel: 0044-(0)1471-888000
oder unter: www.smo.uhi.ac.uk

Zeitschrift

●**Cothrom** ist ein zweisprachiges Magazin (Gälisch-Englisch), welches sich an Gälischlernende wendet und Informationen über die gälische Welt bereithält. Herausgeber ist:
Cli Gàidhlig (Interessenverband der Gälischlernenden), 1 - 4 Highland Rail House, Academy St., Inverness, IV1 1LE,
Tel: 0044-(0)1463-226710,
www.cli.org.uk

Online-Ressourcen zum Weiterlernen

●**www.akerbeltz.com**
Die mit Abstand professionellste Seite im Netz zu Grammatik, Lautsystem, Aussprache (mit Hörbeispielen!) bietet Michael Bauer in Glasgow an. Hier erhält man auch die gälische Version von Firefox / Thunderbird.

●**www.faclair.info**
Online-Wörterbuch von Michael Bauer,
Gälisch–Englisch, Gälisch–Englisch,
Am Faclair Beag

●Gälisches Radio können Sie über das Internet hören: **www.bbc.co.uk/radionangaidheal**
Und gälisches Fernsehen gibt es hier:
www.bbc.co.uk/alba

Das komplette Programm zum Reisen und Entdecken von
REISE KNOW-HOW

- **Reiseführer** – alle praktischen Reisetipps von kompetenten Landeskennern
- **CityTrip** – kompakte Informationen für Städtekurztrips
- **CityTrip^PLUS** – umfangreiche Informationen für ausgedehnte Städtetouren
- **InselTrip** – kompakte Informationen für den Kurztrip auf beliebte Urlaubsinseln
- **Wohnmobil-Tourguides** – alle praktischen Reisetipps für Wohnmobil-Reisende
- **Wanderführer** – exakte Tourenbeschreibungen mit Karten und Anforderungsprofilen
- **KulturSchock** – Orientierungshilfe im Reisealltag
- **Kauderwelsch Sprachführer** – vermitteln schnell und einfach die Landessprache
- **Kauderwelsch plus** – Sprachführer mit umfangreichem Wörterbuch
- **world mapping project™** – aktuelle Landkarten, wasserfest und unzerreißbar
- **Edition REISE KNOW-HOW** – Geschichten, Reportagen und Abenteuerberichte

Zu Hause und unterwegs – intuitiv und informativ
▶ **www.reise-know-how.de**

- **Immer und überall** bequem in unserem Shop einkaufen
- Mit **Smartphone, Tablet** und **Computer** die passenden Reisebücher und Landkarten finden
- **Downloads** von Büchern, Landkarten und Audioprodukten
- Alle **Verlagsprodukte** und **Erscheinungstermine** auf einen Klick
- **Online** vorab in den Büchern **blättern**
- Kostenlos **Informationen, Updates** und **Downloads** zu weltweiten Reisezielen abrufen
- **Newsletter** anschauen und abonnieren
- Ausführliche **Länderinformationen** zu fast allen Reisezielen

Wörterliste Deutsch – Gälisch

Wörterliste Deutsch – Gälisch

Die **Lautschrift** *wird grundsätzlich angegeben und ist in den Wörterlisten blau dargestellt.*

Hauptwörter

Das grammatische Geschlecht wird bei weiblichen Hauptwörtern durch „(w)", bei männlichen durch „(m)" gekennzeichnet. In eckigen Klammern wird der 2. Fall angegeben, wenn er unregelmäßig ist, unregelmäßige Mehrzahlformen stehen auch in eckigen Klammern, jedoch mit dem Hinweis „Mz".

Eigenschaftswörter

In eckigen Klammern steht die Steigerungsform.

Tätigkeitswörter

In eckigen Klammern steht das Tätigkeitshauptwort. Das, was ggf. nach den eckigen Klammern folgt, gehört sowohl zum Verb als auch zum Tätigkeitshauptwort. Die Liste unregelmäßiger Verben befindet sich auf Seite 38.

Lenierung

Wörter, die Lenition auslösen, sind mit ° gekennzeichnet.

A

Abend feasgar (m) fäsker

Abendessen sùipear (m) suichper

aber ach ach

abfahren falbh [a' falbh] fallaw [a fallaw]

abreisen (abfahren) falbh [a' falbh] fallaw [a fallaw]

abschleppen cuir [a' cur] air falbh kuth [a kur] äth fallaw

Adresse seòladh (m) schoolagh

Alkohol alcol (m) alkol

allein le ... *(+ pers. Fürwort)* fhèin lä ... heein

alles a h-uile rud a hulle rut

als (zeitl.) nuair a nuath a;
(Vergleich) na na

alt (nicht jung) aosda [aosda] üosda [üosda];
(nicht neu) sean [sine] schenn [schine]

Alte(r) bodach (m) bodach, cailleach (w) kaljach;
(Lebens-) aois (w) üosch

Wörterliste Deutsch – Gälisch

Andenken cuimhneachan (m) kuineachan

anfangen tòisich [a' tòiseachadh] tooschich [a tooschachagh]

Angestellte(r) clèireach (m) kleerach

Angst eagal (m) ekal

anhalten stad [a' stad] stat [a stat]

ankommen ruig [a' ruigsinn] ruk [a rukschin]

Antwort freagairt (w) fräkarscht

antworten freagair [a' freagairt] fräkar [a fräkarscht]

Apotheke bùth-chungaidhean (w) buu-chungi'en

arbeiten obraich [ag obair] oprich [ak oper]

Arbeiter(in) obraiche (m) opriche

arm bochd [bochda] bochk [bochka]

Arzt dotair (m) dochteth

auch cuideachd kudschachk

auf air äth

aufhören sguir [a' sguir] skuth [a skuth]

aufstehen èirich [ag èirigh] eethich [ak eethi]

aufwachen dùisg [a' dùsgadh] duuschk [a duusgagh]

aus à a

Ausgang slighe a-mach (w) schli'e a-mach

ausgezeichnet sgoinneil [sgoinneil] skonneil [skonneil]

Auskunft fiosrachadh (m) fissrachagh

Ausland dùthaich chèin (w) duuich cheen

Ausländer cèineach (m) keenach

ausländisch cèin keen

Aussprache blas (m) blass

aussteigen (z. B. Bus) fàg [a' fàgail] faak [a faakel]

Ausstellung taisbeanadh (m) taschbänagh

Ausweis cead-siubhail (m) kett-schual

ausziehen (etw.) cuir [a' cur] dheth kuth [a kur] jä

Auto càr (m) kaar

Autowerkstatt garaid (w) garitsch

B

Badeanzug deise-snàmh (w) dscheesche-snaaw

baden snàmh [a' snàmh] snaaw [a snaaw]

Badezimmer rùm-ionnlaid (m) ruum-iunlätsch

Bahnhof stèisean (m) steeschen

bald a dh'aithghearr a ghaichjar

Bank (Geld) banca (m) banka

Bargeld airgead (m) ätheget

bauen tog [a' togail] tok [a tokal]

Bauer tuathanach (m) tua'anach

Baum craobh (w) krüow

beeilen, sich cuir [a' cur] cabhag air kuth [a kur] kafak äth

beenden crìochnaich [a' crìochnachadh] kriiochnich [a kriiochnachagh]

begrüßen (jem.) cuir [a' cur] fàilte air *(+ Person)* kuth [a kur] faaltsche äth

bei aig äk

Wörterliste Deutsch – Gälisch

Beispiel eisimpleir (w) äschimpläth
benachrichtigen cuir [a' cur] fios air kuth [a kur] fiss äth
Benzin peatrol (m) pätrol
Berg beinn (w) bäin
Beruf dreuchd (m) driachk
berühmt ainmeil [ainmeil] ännemel [ännemel]
beschweren, sich gearan [a' gearan] gärran
besichtigen tadhail [a' tadhal] air tahel [a tahel] äth
besser nas fhèarr naschaar
bestellen cuir [a' cur] a-steach òrdugh kuth [a kur] a-schtscheach oordu
Bestellung òrdugh (m) oordu
besuchen cèilidh [a' cèilidh] air *(+ Person)* keeli [a keeli] äth
Bett leabaidh [leapa] (w) läpi [läpa]
Bettzeug aodach-leapa (m) üotach-läpa
bevor mus muss

bezahlen pàigh [a' pàigheadh] päi [a pä'agh]
Bier leann (m) leaun
Bild dealbh (m) dschällaw
billig saor [saoire] süor [süothe]
bis (damit, um zu) gus guss
bisschen rud beag rut bäk
Blatt (Papier / Baum) duilleag (w) duljak
bleiben fuirich [a' fuireach] futhich [a futhach]
Bleistift peansail (m) penssil
Blume flùr (m) fluur
Boot bàta (m) baata
Botschaft (dipl.) ambasaid (w) ambassidsch
Brand teine (w) tschänne
Brauch (Tradition) cleachdadh (m) kleachkagh
brauchen cleachd [a' cleachdadh] kleachk [a kleachkagh]
breit leathann lähan
brennen loisg [a' losgadh] loschk [a loskagh]

Brief litir [litreach] (w) lichtschith [litrach]
Briefmarke stampa (m) stampa
Brille speuclairean (m Mz) spiachklathan
bringen (mit-) thoir [a' toirt] le hooth [a torscht] lä;
(nach) thoir [a' toirt] gu hooth [a torscht] gu
Brot aran (m) arran
Brücke drochaid (w) drochitsch
Brust (weibl.) cìoch (w) kiioch;
(-korb) broilleach (m) broiljach
Buch leabhar (m) ljo'or
Buchstabe litir (w) lichtschir
bunt dathte dachtsche
Burg dùn (m) duun
Büro oifis (w) offisch
Bus bus (m) bass

C

Chauffeur draibhear (m) draiwer
Chef ceannard (m) keannarscht

164 | ceud trì fichead 's a ceithir

Wörterliste Deutsch – Gälisch

D

da an-sin an-schinn
Dach mullach (m)
  mullach
damit (um zu) gus guss
danach an uair sin, an dèidh sin an uath schin, an dschäi schin
danke tapadh leat, leibh tachpa lät, läiw
danken thoir [a' toirt] taing do° *(+ Person)* hooth [a torscht] taing do
dann an uair sin an uath schinn, an dèidh sin an dschäi schinn
darum mar sin mar schinn
dass gu / gum / gun *(+ abhängige Verbform)* gu / gum / gun
Datum ceann-latha (m) keaun-la'a
dauern mair [a' maireann] math [a mathenn]
denken smaoinich [a' smaoineachadh] smüonich [a smüoneachagh]
Denkmal clach-cuimhne (w) klach-kuine
deshalb mar sin mar schinn
deutsch Gearmailteach (m) Gerremaltschach
Deutsche(r) Gearmailteach (m) Gerremaltschach
Deutschland A' Ghearmailt (w) A Jeeremaltsch
Dialekt dual-chainnt (w) dual-chaintsch
dick tiugh tschiu
Diebstahl mèirle (w) meerle
dies sin schin
diese (-r, -s) am fear seo am fär scho, an tè seo an tschee scho
Ding rud (m) rut
Dokument(e) pàipear [-an] (m) paaichper [-an]
Dorf baile (m) balle
dort(hin) an-sin an-schinn
dumm gòrach [gòraiche] goorach [gooriche]
dunkel dorch dorroch
dünn tana tanna
durch (hindurch) tro° troo
Durchfall a' bhuineach (w) a wuineach
dürfen faod füot
Durst pathadh (m) pa'agh;
  D. haben tha am pathadh air *(+ Person)* ha am pa'agh äth

E

Ei ugh (m) [Mz: uighean] u [ui'en]
einander ri chèile ri cheele
einfach furasda [fhasa] furasta [assa]
Eingang slighe a-steach schli'e a-schtscheach
einige feadhainn, cuid fjooin, kutsch
einladen thoir [a' toirt] seachad cuireadh hooth [a torscht] seachat kuragh
Einladung cuireadh (m) kuragh
einmal aon turas üon turras
einsteigen (in den Bus) rach [a' dol] (air bus) rach [a doll] (äth bass)
eintreten thig [a' tighinn] a-steach hik [a tschihin] a-schtscheach
einverstanden aontaich [ag aontachadh] üontich [ak üontachagh]
Einwohner còmhnaiche (m) kooniche
Eis (Speise-) reòiteag (w) rootschak

ceud trì fichead 's a còig **165**

Wörterliste Deutsch – Gälisch

Eisenbahn (Zug) rathad-iarrainn (m) ra'at-iaran, trèana (m) tränn
Eltern pàrantan paarantan
empfehlen mol [a' moladh] moll [a mollagh]
Ende crìoch [crìche] (w) kriioch [kriiche]
eng caol [caoile] küol [küole]
englisch; Engländer(in) Sasannach Ssassannach
entscheiden cò-dhùnadh [a' cò-dhùnadh] ko-ghuunagh [a ko-ghuunagh]
Erde talamh [talmhainn] (w) talaw [talawin]
Ereignis tachartas (m) tachartas
Erfolg soirbheachas (m) ssorrewachas
erhalten faigh [a' faighinn] fai [a fai'in]
erholen, sich gabh [a' gabhail] fois gaw [a ga'al] fosch
erinnern, sich cuimhnich [a' cuimhneachadh] kuinich [a kuineachagh]

erkältet sein tha an cnatan air *(+ Person)* ha an krachtan äth
erklären mìnich [a' mìneachadh] minich [a mineachagh]
erlauben thoir [a' toirt] cead do° hooth [a torscht] kät do
Erlaubnis cead (m) kät
erzählen innis [ag innse] do° *(+ Person)* i'isch [ak iinsche] do
essen ith [ag ithe] ich [ak iche]
Etage urlar (m) urlar
etwa gu bhith gu wi
etwas rud-eigin rut-egin

F

Fabrik factoraidh (w) fachktori
Fähre bàta-aiseag (m) baat-aschäk
fahren draibh [a' draibheadh] draiw [a draiwagh]
Fahrkarte ticead (m) tichket
Fahrpreis prìs (w) priisch
Fahrrad rothair (m) roheth
falsch ceàrr keaar
Familie teaghlach (m) tschealach

Familienname sloinneadh (m) slonjagh
Farbe dath (m) da
faul (träge) leisg [leisge] läschk [läschke];
(Obst) grod grot
Fehler mearachd (w) märrachk
Feier cèilidh (w) keeli
Feld (Acker) achadh (m) achagh
Fenster uinneag (w) unnjak
Ferien saor-làithean (m Mz) süor-lai'en
fern fad às fat ass
Fernsehgerät inneal telebhisein (m) inneal telewischen
fertig deiseil dscheschel
Fest fèis (w) feesch
feucht fliuch [fliche] fliuch [fliche]
Feuer teine (w) tschänne
Fieber fiabhras (m) fiawras
Film fiolm (m) fillem
finden faigh [a' faighinn] fai [a fai'in]
finden lorg [a' lorg] lorrek [a lorrek]
Fisch iasg [èisg] (m) iask [eeschk]
Flasche botal (m) bochtal

Wörterliste Deutsch – Gälisch

Fleisch feòil [feòla] (w) feool [feoola]
fleißig trang [trainge] trang [trainge]
fliegen itealaich [ag itealaich] itschalich [ak itschalich]
Flughafen port-adhair (m) porscht-ahe^th
Flugticket ticead plèana (m) tichket pleena
Flugzeug itealan (m) ichtschalan, plèana (m) pleena
Fluss abhainn [aibhne] (w) auin [aine]
Formular bileag (w) bilak
Fotoapparat camara (m) kamara
fotografieren tog [a' togail dealbh] tok [a tokal dschällaw]
Frage ceist (w) käscht
fragen (erfragen von jem.) faighnich [a' faighneachd] de (+ *Person*) fainich [a faineachk] dschä
Frau boireannach (m) bo^thennach
frei saor [saoire] ssüor [ssüo^the]
fremd gallda gaullta
freuen, sich bi toilichte bi tollichtsche

Freund (allg.) caraid (m) karitsch
Freundin (allg.) ban-charaid (w) bana-charitsch
Freund(in) (intim) bràmair (m) braame^th
freundlich (zu jem.) càirdeal (ri + *Person*) [càirdeile] kaardschel (ri) [kaardschele]
Freundschaft càirdeas (m) kaarschdschess
Frieden sìth (w) schii
frisch (Obst) ùr [ùire] uur [uu^the]
fröhlich sona [sona] ssona [ssona]
Frucht meas (m) mäss
früh tràth [tràithe] traa [traaie]
Frühstück bracaist (w) brachkischt
frühstücken gabh [a' gabhail] bracaist gaw [a ga'al] brachkischt
fühlen, sich fairich [a' faireachdainn] fa^thich [a fa^theachkin]
für airson ärsson
fürchten, sich (vor) tha eagal air (+ *Person*) ha äkal ä^th

G

Gabel forc (w) forrek
ganz (nicht kaputt) slàn slaan
Garten gàrradh (m) gaarragh
Gas gas (m) gass
Gast aoigh (m) üoi
Gastfreundschaft aoigheachd (w) üoiaochk
Gastgeber/-in fear / bean an taighe (m/w) fär / bän an tähe
Gaststätte taigh-òsda (m) tai-oosta
Gebäude togalach (m) tokalach
geben thoir [a' toirt] do° hoo^th [a torscht] do
Gebühr càin (w) kaan
Geburtstag cò-latha breith (m) koo-la'a bree
gefährlich cunnartach [cunnartaich] kunnarschtach [kunnarschtich]
gefallen còrd [a' còrdadh] ri koorschd [a koorschdagh] ri
Gefängnis prìosan (m) priissan
Gefäß poit (w) poichtsch
gegen an aghaidh (+ *2. Fall*) an a'i

Wörterliste Deutsch – Gälisch

Gegend sgìre (w) skiithe
gegenüber air beulaibh
(+ 2. Fall) äth beeul
gehen coisich [a' coiseachd] kooschich [a koschachk]
Geld airgead (m) ätheget
Gemüse glasraich (w) glassrich
gemütlich comhfhurtail koo'urschtal
genau mionaideach [mionaidich] minnatschach [minnatschich]
genug gu leòr gu leoor
geradeaus dìreach dschiithach
Geschäft (Laden) bùth [bùtha] (w) buu [buu'a];
(Tätigkeit) gnothach (m) gro'ach;
Geschenk tiodhlag (w) tschiolagh
Geschichte (Erzählung) sgeul [sgeòil] (w) skial [skeool];
(Historie) eachdraidh (w) eachdri;
Gesetz lagh (m) lagh
Gespräch còmhradh (m) kooragh
gestern an-dè an-dschee

gesund fallainn [fallainn] fallain [fallain]
Gesundheit slàinte (w) slaantsche
Getränk deoch (m) dschoch
Gewitter tàirneanaich is dealanaich (m), doinnean (m) taarneanich is dschälanich, donnean
Gewürz spìosradh (m) spiisrach
Glas (Material) gloine (w) glonje; **(Trink-)** glaine (w) glanje;
glauben creid [a' creidsinn] krädsch [a krädschin]
Glück fortan (m) foorschtan
glücklich toilichte [toilichte] tollichtsche [tollichtsche]
Gold òr [òir] (m) oor [ooth]
Gott Dia (m) Dschia
Grammatik gràmar (m) graamar
Gras feur [feoir] (m) fiar [feooth]
Grenze crìoch [crìche] (w) kriioch [kriiche]
groß mòr [motha] moor [mo'a]

Großmutter seanmhair (w) schännewer
Großvater seanair (m) schänner
Größe (Kleidung u. ä.) meud (m) meet
Gruppe buidhnean [buidhne] (w) buinen [buine]
grüßen (jem.) cuir [a' cur] fàilte air (+ Person) kuth [a kur] faaltsche äth
gut [besser] math [fèarr] ma [faar]

H

Hafen port (m) porscht
Hälfte leth (m) lä
halten cùm [a'cumail] kum [a kumal]
Haltestelle àite-stad (m) aatsche-stat
Hand làmh [làimhe] (w) laamw [laaiwe]
Handel malairt (w) malarscht
Handtuch tubhailt (w) tuwaltsch
hart cruaidh [cruaidhe] kruai [krua'ie]
Haus taigh (m) tai
Hausfrau bean-taighe (w) bän-tähe

Wörterliste Deutsch – Gälisch

heben tog [a' togail] lok [a tokal]
Heftpflaster plàst [plàsta] (m) plaast [plaasta]
heiß teth [teotha] tschä [tscho'a]
helfen cuidich [a' cuideachadh] kudschich [a kudschachagh]
herzlich cridheil [cridheile] kri'el [kri'ele]
heute an-diugh an-dschiu
hier an-seo an-scho
Hilfe cuideachadh (m) kudschachagh
hinter air cùlaibh (+ 2. Fall) äth kuulu
hoch àrd [àirde] aarschd [aarschdche]
Hochzeit bannais [bainnse] (w) bannisch [bainsche]
hoffen tha mi an dòchas gu *(+ abhäng. Verbform)* ha mi an doochass gu
höflich modhail [modhaile] moghel [moghel]
hören cluinn [a' cluinntinn] kluin [a kluintschin]

Hotel taigh-òsda (m) tai oosta
Hunger acras (m) achkras

I

immer daonnan düonan
in (örtlich / zeitlich) ann an / am aun an / am;
Information fiosrachadh (m) fissrachagh
Insel eilean (m) ällan
interessant inntinneach [inntinnich] iintschiinach [iintschiinich]
interessieren, sich (für) *(„ist Interesse bei Person auf Sache")* tha ùidh aig *(Person)* air *(Sache)* ha uui äk ... äth ...
international eadar-nàiseanta ätter-naaschenta

J

Jahr bliadhna (w) bliana
Jahreszeit aimsir (w) ameschith
jährlich bliadhnail blianal
jeder gach aon gach üon

jedesmal gach turas gach turras
jemand cuideigin kudschegin
jetzt a-nis a-nisch
Journalist neach-naidheachd (m) neach-naiachk
jung òg [òige] oog [ooige]
Junge balach (m) ballach

K

kalt fuar [fhuaire] fuar [ua^{the}e]
kaputt briste brischtsche
Karte cairt (w) kaarscht
kaufen ceannaich [a'ceannachd] keannich [a keannachk]
kennen aithnich [ag aithneachadh] änjich [ak änjachagh]
Kind clann [cloinne] (w Mz) klaun [kloinnje]
Kino taigh-dhealbh (m) tai-jällaw
Kirche eaglais (w) äklisch
Kleidung aodach (m) üotach
klein beag [lugha] bäk [lugha]

ceud trí fichead 's a naoi

Wörterliste Deutsch – Gälisch

klug glic [glice] glichk [glichke]
Kneipe taigh-seinnse (m) tai-schäinnse
kochen (etw.) bruich [a bruich] bruich [a bruich]
Koffer màlaid (w) maalidsch
kommen thig [a' tighinn] hik [a tschi'in]
kompliziert doirbh [doirbhe] dothew [dothewe]
Kondom casgan (m) kaskan
können 's urrainn do° (+ Person) ssurrinn do
Konzert cuirm-ciùil (m) kurrem-kiuul
kosten (Preis) cosg [a' cosgadh] kosk [a koskagh]; **(probieren)** feuch [a' feuchainn] fiach [a fiachin]
kostenlos an-asgaidh an-aski
krank tinn [tinne] tschiin [tschinje]
Krankenhaus ospadal (m) ospatal
Krankheit tinneas (m) tschinneas

kühl fuar [fhuaire] fuar [uathe]
Kühlschrank fuaradair (m) fuaradeth
Kunst ealan (w) ealan
kurz goirid [giorra] gothitsch [girra]
küssen thoir pòg do° hooth pook do

L

Lampe lampa (m/w) lampa
Land dùthaich [dùthcha] (w) duu'ich [duu'cha]
Landkarte mapa (m) machpe, dealbh-dùthcha (m) dschällaw-duucha
lang (Entfernung) fada [fhaide] fata [adsche]
lange (Zeit) fada [fhaide] fata [adsche]
langsam slaodach [slaodaiche] slüotach [slüotiche]
laufen ruith [a' ruith] rui [a rui]
laut àrd [àirde] aarschd [aarschdsche]
Leben beatha (m) bäha
leer falamh [falaimhe] falaw [falaiw]

legen (sich) laigh [a' laighe] lai [a laie]; **(stellen, setzen)** cuir [a' cur] kuth [a kur]
Lehrer(in) tidsear (m) tidscher
leicht (nicht schwer) aotrom [aotroime] üotrom [üotrome]
lernen ionnsaich [ag ionnsachadh] iunsich [ak iunsachagh]
lesen leugh [a' leughadh] lee [a leewagh]
Leute daoine (m Mz) düonje, muinntir (w) munntschith
Licht solas (m) ssollass
Lied òran (m) ooran
liegen laigh [a' laighe] lai [a laie]
links clì klii
Loch toll (m) taull
Löffel spàin (w) spaan
Lohn (Gehalt) turasdal (m) turastal
lügen innis [ag innse] breug i'isch [ak iinsche] briak
lustig èibhinn [èibhinne] eewin [eewinje]

Wörterliste Deutsch – Gälisch

M

machen dèan [a' dèanamh] dscheean [a dscheeanaw]
Mädchen nighean (w) ni'en
malen peant [a' peantadh] pänt [a päntagh]
manchmal uaireannan uuthanan
Mann duine (m) dünje
Markt margadh (m) maragagh
Medikament leigheas-chungaidhean (m) lei'as-chungi'en
Meer muir [mara] (w) muuth [marra]
mehr tuilleadh tuiljagh
Mensch duine (m) dünje
merken, sich cuimhnich [a' cuimhneachadh] air° kuinich [a kuineachagh] äth
Messer sgian [sgèine] (m) skian [skene]
Minute mionaid (w) minnatsch
mit le lä
Mittagessen dìnnear [dìnnearach] (w) dschiinear [dschiinearach]

Mittag meadhan-latha (m) mi'an-la'a
Mode fasan (m) fassan
möglich comasach [comasaiche] kommassach [kommassiche]
Monat mìos [mìosa] (w) miioss [miiossa]
morgen a-màireach a-maathach
Morgen madainn [maidne] (w) mattin [matnje]
Motor motar (m) motar
müde sgìth [sgìthe] skii [skii'e]
Müll sgudal (m) skudal
Museum taigh-tasgaidh (m) tai-taski
Musik ceòl [ciùil] (m) keool [kiuul]
müssen feumaidh feemi
Mutter màthair (w) maaheth

N

nach (Richtung) gu, a°, do° gu, a, do; **(zeitlich)** an-dèidh an-dschäi
Nachmittag feasgar (m) fäsker
Nachricht naidheachd (w) nai'achk

nächstes Mal an ath-thurass an a hurrass
Nacht oidhche (w) oiche
nackt lom loum
Nadel snathad (w) sna'at
nah faisg [fhaisge] faschk [aschke]
Name ainm (m) änem
nass fliuch [fliche] fliuch [fliche]
Natur nàdar (m) naater
natürlich (nicht künstl.) nàdarrach [nàdarraiche] naaterrach [naaterriche]
neben ri taobh *(+ 2. Fall)* ri tüow
nehmen gabh [a' gabhail] gaw [a ga'al]
neu ùr [ùire] uur [uuthe]
nicht cha° cha, chan° *(vor Selbstlaut)* chan
nichts dad dat, sìon, schian, càil kal
niemals (Vergangenheit) riamh riaw; **(Zukunft)** gu bràth gu braach
noch fhathast ha'ast; **n. einmal** a-rithist a-ri'ischt
Norden tuath (m) tua
normal cumanta kumanta

Wörterliste Deutsch – Gälisch

Nummer àireamh (w) aathew

O

oben shuas huass
Obst measan (m) mässan
oder neo, no no
öffnen fosgail [a' fosgladh] foskal [a fosglagh]
oft tric [trice] trichk [trichke]
ohne gun° gun
Öl ola (m) ola
organisieren cuir [a' cur] air dòigh kuth [a kur] äth dooi
Ort àite (m) aatsche
Osten Ear (m) Äar
Österreich An Ostair (w) An Osteth
Österreicher(in) Ostaireach (m) Ostathach

P

Päckchen, Paket pacaid (w) pachkidsch
Palast lùchairt (w) luucharscht
Papier pàipear (m) paaichper
Park pàirc (w) park
Pass (Reise-) cead-siubhail (m) kett-schual
Patient euslainteach (m) iaslaantschach
Pause fois fosch
Person neach neach
Pflanze lus (m) luss
Plan plana (m) plana
Platz ionad (m) inat
plötzlich gu h-obann gu hopan
Politik poileataigeachd (w) politigeachk
Polizei poileas (m) polles
Postamt oifis a' phuist (w) offisch a fuscht
Postkarte cairt-phuist (w) kaarscht-fuscht
Preis prìs (w) priisch
privat prìobhaideach priwadschach
Problem trioblaid (w) triblidsch
Programm prògram (m) proogram
Prospekt bileag (w) bilak
pünktlich pongail [pongaile] ponkal [ponkal]

R

Radiogerät rèidio (m) reedio
Rat comhairle (w) koohäthle
rauchen smoc [a' smocadh] smok [a smochkegh]
Raum rùm (m) ruum
rechnen cùnnt [a'cunntadh] kuunt [a kunntagh]
Rechnung cùnntas (m) kunntas
Recht reachd (m) reachk
rechts deas dschäss
reden labhairt [a' labhairt] lawarscht [a lawarscht]
Regen uisge (m) üschke
registrieren clàraich [a' clàradh] klaarisch [a klaarach]
reich beartach [beartaiche] bärschtach [bärschtschiche]
reif abaich [abaich] apich [apich]
Reise turas (m) turass
reisen siubhail [a' siubhal] schual [a schual]

Wörterliste Deutsch – Gälisch

reparieren caraich [a' caradh] karich [a karagh]
Restaurant àite-bidh (m) aatsche-bii
Rettungswagen carbad-eiridinn (m) karrabat-e[th]idschin
richtig ceart kärscht
roh amh [aimhe] aw [awe]
rückständig seann-fhàsanta schaun-assanta
rufen (schreien) eugh [ag eughadh] eew [ak eewagh]
Ruhe tàmh (m) taaw

S

Sache rud (m) rut
sagen abair [ag ràdh] ape[th] [ak raa]
Salz salann (m) ssallan
sammeln cruinnich [a' cruinneachadh] kruinnich [a kruineachagh]
Sand gainmheach (w) gänewach
satt làn [làine] laan [laan]
Satz (Sprache) rosgrann (m) roskran

sauber glan [glaine] glan [glanje]; **s. machen** glan [a' glanadh] glan [a glanagh]
sauer geur [gèire] giar [gee[th]e]
Schallplatte clàr (m) klaar
scharf geur [gèire] giar [gee[th]e]
Scheck seic (w) schechk
Schere siosar (m) schisser
schicken cuir [a' cur] gu ku[th] [a kur] gu
schießen loisg [a' losgadh] loschk [a loskagh]
Schiff long [luinge] (w) long [luinge]
schlafen cadail [a' cadal] katal [a katal]
Schlafzimmer rùm-cadail (m) ruum-katal
schlagen buail [a' bualadh] bual [a bulagh]
schlecht dona [miosa] donna [missa]
Schloss (Gebäude) lùchairt (w) luucharscht
Schlüssel iuchair [iuchrach] (w) iuchar [iuchrach]

schmackhaft blasda [blasda] blasta [blasta]
Schmerz pian (m) pian
schmutzig salach [salaiche] ssalach [ssaliche]
Schnaps (Whisky) uisge-beatha (m) üschke-bäha
schnell luath [luaithe] lua [luaie]
schon fhathast ha'ast, mu thràth mu raa
schön brèagha bri'a
schreiben sgrìobh [a' sgrìobhadh] skriiw [a skriiwagh]
Schuh bròg (w) brook
schuldig ciontach kiuntach
Schule sgoil (w) skol
Schüler(in) sgoilear (m) skoller
schwanger leatromach lätroumach
Schweiz An Eilbhis An Ällewisch
Schweizer(in) Eilbhiseach (m) Ällewischach
schwer (nicht leicht) trom [truime] troum [truime]
schwierig doirbh [doirbhe] do[th]ew [do[th]ewe]

A–Z Wörterliste Deutsch – Gälisch

schwimmen snàmh [a' snàmh] snaaw [a snaaw]
schwitzen cuir [a' cur] fallas kuth [a kur] fallas
See loch [locha] (m) loch [locha]
sehen faic [a' faicinn] fächk [a fächkin]
Seide sìoda (m) ssiida
Seife siabann (m) schiapan
Seil ròpa (m) roochpa
sein (Verb) bi bi, is is
seit bho° wo
Seite (Richtung) taobh (m) tüow
selbst fhèin heein
setzen, sich dèan [a dèanamh] suidhe dscheean [a dscheeanaw] ssui'e
sicher sàbhailte ssaawiltsche
Sie (höfl. Anrede) sibh schiiw
Silber airgead ätheget
singen seinn [a' seinn] schäinn [a schäinn]
sitzen 'na shuidhe na hui'e
so ... wie cho ... ri cho ... ri
sofort gun dàil gun daal
Sohn mac (m) machk

Sonne grian [grèine] (w) grian [greene]
sparen sàbhail [a' sàbhaladh] ssaawal [a ssaawalagh]
spät anmoch [anmoich] ananmoch [anamich]
Speise biadh (m) biagh
Speisekarte clàr-bìdh (m) klaar-bii
spielen cluich [a' cluich] kluich [a kluich]
Spielzeug dèideagan (m) dscheedschakan
Sport spòrs (m) spoors
Sprache cànan (m) kaanan
sprechen (mit jem.) bruidhinn [a' bruidhinn] ri bri'in [a bri'in] ri
Spritze snathad (w) sna'at
Stadt baile (m) balle
stark làidir [treasa] laadschith [trässa]
stehen seas [a' seasamh] schäss [a schässamw]
Stein clach [cloiche] (w) klach [na kloiche]
Stelle (Ort) àite (m) aatsche
stellen (setzen, legen) cuir [a' cur] kuth [a kur]

sterben bàsaich [a' bàsachadh] baasich [a baasachagh]
Stimme guth (m) gu
Stoff clò (m) kloo
Strand tràigh [traghad] (w) traai [tra'at]
Straße rathad (m) ra'at
Streichhölzer lasaran (m) lassaren
streiten trod [a' trod] trot [a trot]
Stück pìos (m) piis
Student oileanach (m) ollanach
Stunde uair a thìde (w) uath a hiidsche
suchen lorg [a' lorg] lorrek [a lorrek]
Süden deas (m) dschäss
Summe suim (w) ssuim
Suppe brot (m) brocht
süß milis [milse] millisch [milsche]

T

Tabak tombaca (m) tombachka
Tablette pile (m) pille
Tag latha (m) la'a
täglich làitheal laaiel
Tal gleann [glinne] (m) gleaun [glinnje]

Wörterliste Deutsch – Gälisch

Tankstelle stèisean-peatroil (m) steeschen pätrol
tanzen (mit) danns [a' dannsadh] (còmhla ri + *Person*) dauns [a daunssagh] (koola ri)
Tasche màla (m) maala
Taxi tacsaidh (m) tachksi
Telefon fòn (m) foon
telefonieren fòn [a' fònadh] foon [a foonagh]
teuer daor [daoire] düor [düo^the]
Theater taigh-chluich (m) tai-chluich
tief domhainn [doimhne] duoin [doine]
Tier beathach (m) beohach
Tochter nighean (w) nihen
Tod bàs (m) baas
Toilette taigh-beag (m) tai-bäk
Toilettenpapier pàipear-tòin (m) paaichper-ton
tot marbh marraw
töten marbh [a' marbhadh] marraw [a marrawagh]
Tradition tradaisean (m) tradischen
tragen giùlain [a' giùlan] guulan [a guulan]
traurig brònach [brònaiche] broonach [broonichhe]
treffen (begegnen) coinnich [a' coinneachadh] ri (+ *Person*) konnich [a konneachagh] ri
Treppe staidhre [staidhreach] (w) stai^the [stairach]
trinken òl [ag òl] ool [ak ool]
trocken tioram [tiorma] tschiram [tschirrema]
tschüss tìoraidh tschiiori
tun dèan [a' dèanamh] dscheean [a dscheeanaw]
Tür doras (m) dorras
Turm tùr (m) tuur

U

übermorgen an-earar an-ärer
übersetzen (Sprache) eadar-theangaich [ag eadar-theangachadh] ätter-hängich [ak ätter-hängachagh]
Uhr uaireadair (m) ua^thade^th
um airson ärsson
um zu airson ärsson
umtauschen iomlaid [ag iomlaid] iumlitsch [ak iumlitsch]
und agus ages, is is, 's s
Unfall tubaist (w) tupischt
Universität oilthigh (m) ollhai
unschuldig neo-chiontach no-chiuntach
unten shìos hiioss
unter fo° fo
Unterhaltung còmhradh (m) kooragh
unterrichten (lehren) teagaisg [a' teagasg] tschäkischg [a tschäkasg]
unterschreiben fo-sgrìobh [a' fo-sgrìobhadh] fo-skriiw [a fo-skriiwagh]
Urlaub saor-làithean (m Mz) ssüor-lai'en

V

Vater athair (m) ahe^th
verboten toirmisgte to^themischktsche

Wörterliste Deutsch – Gälisch

vergessen dìochuimhnich [a' dìochuimhneachadh] dschiiochuinich [a dschiiochuineachagh]
verkaufen reic [a' reic] reechk [a reechk]
verlieben, sich tuit [a' tuiteam] ann an gaol tuichtsch [a tuichtschem] aun an güol
verlieren (Dinge) caill [a' call] kall [a kaull]
Versicherung àrachas (m) aarachas
verspätet fadalach [fhadalaiche] fatalach [ataliche]
verstehen tuig [a' tuigsinn] tuk [a tugschinn]
versuchen feuch [a' feuchainn] ri fiach [a fiachinn] ri
viel tòrr (+ 2. Fall) toor
vielleicht 's dòcha sdoocha
Vogel eun (m) een
Volk sluagh (m) sluagh
voll làn laan
von de dschä
vor ro° ro
vorher roimhe reue
Vormittag madainn [maidne] (w) mattin [matnje]
Vorname ainm baistidh (m) änam baschtschi
Vorwahlnummer còd ionadail (m) kot inadal

W

Wagen càr (m) kaar
wahr fìor fiir
während fhad 's a at ssa
Wald coille (w) koilje
Wand balla (m) balla
wandern coisich [a' coiseachd] kooschich [a koschachk]
wann? cuine? kuin
warm blàth [blaithe] blaa [blaie]
warten fan [a' fantainn] fann [a fanntin]
warum? carson? karsson
was? dè? dschee
waschen nigh [a' nighe] ni'e [a ni'e]
waschen, sich nigh [a' nighe] fhèin ni'e [a ni'e] heein
Wasser uisge (m) üschke
wecken dùisg [a' dùsgadh] duuschk [a duusgagh]
Weg slighe (w) schli'e
weiblich boireann bo'[t]han

weil oir oo[th]
weinen glaodh [a' glaodh] glüogh [a glüogh]
welcher a a
wenn (als) nuair a nua[th] a; **(falls)** ma ma
wer? cò? ko
werden fàs [a' fàs] faas [a faas]
Westen an Iar (m) an iar
Wetter sìde [sìde] (w) schiidsche [schiidsche]
Whisky uisge-beatha (m) üschke-bäha
wichtig cudromach kutromach
wie? ciamar? kimmer; **w. viel?** cia mheud? (+ Ez) ki wiat
wieder a-rithist a-ri'ischt
Wind gaoth [gaoithe] (w) güo [na güoi'e]
wissen tha fios aig (+ Person) ha fiss äk
wo? càite? (+ abhäng. Verbform) kaatsch a
Woche seachdain [seachdaine] (w) scheachkin [seachkinje]
woher? cò às? ko ass
wohin? càite? (+ abhäng. Verbform) kaatsch a

176 ceud trì fichead 's a sia deug

Wörterliste Deutsch – Gälisch

wohnen fuirich
 [a' fuireach] fu^(th)ich
 [a fu^(th)ach]
Wohnung àras (m) aaras
wollen iarr [ag iarraidh]
 iarr [ak iarri]
Wort facal (m) fachkal
Wörterbuch faclair (m)
 fachkle^(th)

Z

zahlen pàigh
 [a' pàigheadh]
 pài [a pä'agh]
Zahnarzt fiaclair
 fiachkle^(th)
zeigen seall
 [a'sealltainn]
 schaull [a schaultin]
Zeit àm (m) aum
Zeitung pàipear-
 naidheachd (m)
 paaichper-naiachk
Zelt teanta (m) tänta
Zeltplatz
 làrach-campaidh (w)
 laarach-kampi
Zentrum (Stadt-)
 meadhan a' bhaile
 (m) mi'an a walle
Zimmer seòmar (m)
 schoomer
zu (+ Eigenschaftswort)
 ri ri, do° do;
 z. viel cus kuss
zufrieden sona [sona]
 ssona [ssona]
Zug trèana (m) trään
zurück air ais ä^(th) asch
zusammen mit còmhla ri
 (+ Person) koola ri
zwischen eadar ätter

Wörterliste Gälisch – Deutsch

A

a dh'aithghearr a ghaichjar bald
a h-uile rud a hulle rut alles
à a aus
a a welcher
A' Ghearmailt (w) A Jeeremaltsch Deutschland
a' bhuineach (w) a wuineach Durchfall
a° a nach (Richtung)
abaich [abaich] apich [apich] reif
abair [ag ràdh] apeth [ak raa] sagen
abhainn [aibhne] (w) auin [aine] Fluss
ach ach aber
achadh (m) achagh Feld, Acker
acras (m) achkras Hunger
agus ages und
aig äk bei
aimsir (w) ameschith Jahreszeit
ainm (m) änem Name
ainm baistidh (m) änam baschtschi Vorname
ainmeil [ainmeil] ännemel [ännemel] berühmt
air äth auf
air ais äth asch zurück
air beulaibh (+ 2. Fall) äth beelu gegenüber
air cùlaibh (+ 2. Fall) äth kuulu hinter
àireamh (w) aathew Nummer
airgead (m) ätheget Geld, Bargeld; Silber
airson ärsson für, um, um zu ...
àite (m) aatsche Stelle, Ort
àite-bidh (m) aatsche-bii Restaurant
àite-stad (m) aatsche-stat Haltestelle
aithnich [ag aithneachadh] änich [ak änjachagh] kennen
alcol (m) alkol Alkohol
àm (m) aum Zeit
am fear seo am fär scho diese(r,s)
a-màireach a-maathach morgen
ambasaid (w) ambassidsch Botschaft (dipl.)
amh [aimhe] aw [awe] roh
an aghaidh (+ 2. Fall) an a'i gegen
an ath-thuras an a-hurrass nächstes Mal
an dèidh sin an dschäi schin dann, danach
An Eilbhis An Ällewisch Schweiz
an Iar (m) an iar Westen
An Ostair (w) An Osteth Österreich
an tè seo an tschee scho diese(r,s)
an uair sin an uath schin dann, danach
an-asgaidh an-aski kostenlos
an-dè an-dschee gestern
an-dèidh an-dschäi nach (Zeit)
an-diugh an-dschiu heute
an-earar an-ärer übermorgen
a-nis a-nisch jetzt
anmoch [anmoich] ananmoch [anamich] spät
ann an / am aun an / am in (örtl., zeitl.)
an-seo an-scho hier
an-sin an-schinn da, dort, dorthin

178 | ceud trì fichead 's a h-ochd deug

Wörterliste Gälisch – Deutsch

antaidh (w) anti Tante
aodach (m) üotach Kleidung
aodach-leapa (m) üotach-läpa Bettzeug
aoigh (m) üoi Gast
aoigheachd (w) üoiachk Gastfreundschaft
aois (w) üosch (Lebens-)Alter
aon turas üon turras einmal
aontaich [ag aontachadh] üontich [ak üontachagh] einverstanden
aosda [aosda] üosda [üosda] alt (nicht jung)
aotrom [aotroime] üotrom [üotrome] leicht (nicht schwer)
àrachas (m) aarachas Versicherung
aran (m) arran Brot
àras (m) aaras Wohnung
àrd [àirde] aarschd [aarschdsche] hoch, laut
a-rithist a-ri'ischt noch einmal, wieder
athair (m) ahe[th] Vater

B

baile (m) balle Dorf, Stadt
balach (m) ballach Junge
balla (m) balla Wand
banca (m) banka Bank (Geld)
ban-charaid (w) bana-charitsch Freundin (allg.)
bannais [bainnse] (w) bannisch [bainsche] Hochzeit
bàs (m) baas Tod
bàsaich [a' bàsachadh] baasich [a baasachagh] sterben
bàta (m) baata Boot
bàta-aiseag (m) baat-aschäk Fähre
beag [lugha] bäk [lugha] klein
bean [mnà] (w) bän [mraa] Ehefrau
bean-taighe (w) bän-tähe Hausfrau
beartach [beartaiche] bärschtach [bärschtschiche] reich
beatha (m) bäha Leben
beathach (m) beohach Tier
beinn (w) bäin Berg
bho° wo seit
bi toilichte bi tollichtsche sich freuen
bi bi sein (Verb)
biadh (m) biagh Speise
bileag (w) bilak Formular, Prospekt
blas (m) blass Aussprache
blasda [blasda] blasta [blasta] schmackhaft
blàth [blaithe] blaa [blaie] warm
bliadhna (w) bliana Jahr
bliadhnail blianal jährlich
bochd [bochda] bochk [bochka] arm
bodach (m) bodach Alter (Person)
boireann bo[th]an weiblich
boireannach (m) bo[th]ennach Frau
botal (m) bochtal Flasche
bracaist (w) brachkischt Frühstück
bràmair (m) braame[th] Freund(in) (intim)
bràthair (m) braahe[th] Bruder
brèagha bri'a schön
briste brischtsche kaputt
bròg (w) brook Schuh
broilleach (m) broiljach Brust(korb)
brònach [brònaiche] broonach [brooniche] traurig
brot (m) brocht Suppe
bruich [a bruich] bruich [a bruich] kochen (etw.)

ceud trì fichead 's a naoi deug | **179**

Wörterliste Gälisch – Deutsch

bruidhinn [a' bruidhinn] ri bri'in [a bri'in] ri sprechen (mit jem.)
buail [a' bualadh] bual [a bulagh] schlagen
buidhnean [buidhne] (w) buinen [buine] Gruppe
bus (m) bass Bus
bùth [bùtha] (w) buu [buu'a] Geschäft (Laden)
bùth-chungaidhean (w) buu-chungi'en Apotheke

c

cadail [a' cadal] katal [a katal] schlafen
càil kal nichts
caill [a' call] kall [a kaull] verlieren (Dinge)
cailleach (w) kaljach Alte (Person)
càin (w) kaan Gebühr
càirdeal (ri + *Person*) **[càirdeile]** kaardschel (ri) [kaardschele] freundlich (zu jem.)
càirdeas (m) kaarschdschess Freundschaft
cairt (w) kaarscht Karte
cairt-phuist (w) kaarscht-fuscht Postkarte
càite? (+ *abhängige Verbform*) kaatsch a wo?, wohin?
camara (m) kamara Fotoapparat
cànan (m) kaanan Sprache
caol [caoile] küol [küole] eng
càr (m) kaar Auto, Wagen
caraich [a' caradh] karich [a karagh] reparieren
caraid (m) karitsch Freund (allg.)
carbad-eiridinn (m) karrabat-e[th]idschin Rettungswagen
carson? karsson warum?
cas (m) kass Fuß
casgan (m) kaskan Kondom
cead (m) kät Erlaubnis
cead-siubhail (m) kett-schual Ausweis, Pass
ceannaich [a'ceannachd] keannich [a keannachk] kaufen
ceannard (m) keannarscht Chef
ceann-latha (m) keaun-la'a Datum
ceàrr keaar falsch
ceart kärscht richtig
cèilidh (w) keeli Feier
cèilidh [a' cèilidh] air (+ *Person*) keeli [a keeli] ä[th] besuchen
cèin keen ausländisch
cèineach (m) keenach Ausländer
ceist (w) käscht Frage
ceòl [ciùil] (m) keool [kiuul] Musik
cha° / **chan°** (*vor Selbstlaut*) cha / chan nicht
cho ... ri cho ... ri so ... wie (Vergleich)
cia mheud? (+ *Ez*) ki wiat wie viel?
ciamar? kimmer wie?
cìoch (w) kiioch Brust (weibl.)
ciontach kiuntach schuldig
clach [cloiche] (w) klach [na kloiche] Stein
clach-cuimhne (w) klach-kuine Denkmal
clann [cloinne] (w Mz) klaun [kloinnje] Kind
clàr (m) klaar Schallplatte
clàraich [a' clàradh] klaarich [a klaarach] registrieren
clàr-bidh (m) klaar-bii Speisekarte
cleachd [a' cleachdadh] kleachk [a kleachkagh] brauchen

Wörterliste Gälisch – Deutsch

cleachdadh (m) kleachkagh Brauch
clèireach (m) kleerach Angestellte(r)
clì klii links
clò (m) kloo Stoff
cluich [a' cluich] kluich [a kluich] spielen
cluinn [a' cluinntinn] kluin [a kluintschin] hören
cò às? ko ass woher?
cò? ko wer?
còd ionadail (m) kot inadal Vorwahlnummer
cò-dhùnadh [a' cò-dhùnadh] ko-ghuunagh [a ko-ghuunagh] entscheiden
coille (w) koilje Wald
coinnich [a' coinneachadh] ri (+ Person) konnich [a konneachagh] ri treffen (begegnen)
coisich [a' coiseachd] kooschich [a koschachk] wandern, gehen
cò-latha breith (m) koo-la'a bree Geburtstag
comasach [comasaiche] kommassach [kommassiche] möglich
comhairle (w) koohäthle Rat
comhfhurtail koo'urschtal gemütlich
còmhla ri (+ Person) koola ri zusammen mit
còmhnaiche (m) kooniche Einwohner
còmhradh (m) kooragh Gespräch, Unterhaltung
còrd [a' còrdadh] ri koorschd [a koorschdagh] ri gefallen
cosg [a' cosgadh] kosk [a koskagh] kosten (Preis)
craobh (w) krüow Baum
creid [a' creidsinn] krädsch [a krädschin] glauben
cridheil [cridheile] kri'el [kri'ele] herzlich
crìoch [crìche] (w) kriioch [kriiche] Ende, Grenze
crìochnaich [a' crìochnachadh] kriiochnich [a kriiochnachagh] beenden
cruaidh [cruaidhe] kruai [krua'ie] hart
cruinnich [a' cruinneachadh] kruinnich [a kruineachagh] sammeln
cudromach kutromach wichtig
cuid kutsch einige
cuideachadh (m) kudschachagh Hilfe
cuideachd kudschachk auch
cuideigin kudschegin jemand
cuidich [a' cuideachadh] kudschich [a kudschachagh] helfen
cuimhneachan (m) kuineachan Andenken
cuimhnich [a' cuimhneachadh] kuinich [a kuineachagh] sich erinnern
cuimhnich [a'cuimhneachadh] air° kuinich [a kuineachagh] äth sich merken
cuine? kuin wann?
cuir [a' cur] kuth [a kur] stellen, setzen, legen
cuir [a' cur] air dòigh kuth [a kur] äth dooi organisieren

ceud ceithir fichead 's a h-aon | **181**

Wörterliste Gälisch – Deutsch

cuir [a' cur] air falbh ku^th [a kur] äth fallaw abschleppen

cuir [a' cur] a-steach òrdugh ku^th [a kur] a-schtscheach oordu bestellen

cuir [a' cur] cabhag air ku^th [a kur] kafak äth sich beeilen

cuir [a' cur] dheth ku^th [a kur] jä ausziehen (etw.)

cuir [a' cur] fallas ku^th [a kur] fallas schwitzen

cuir [a' cur] fàilte air (+ *Person*) ku^th [a kur] faaltsche äth begrüßen, grüßen (jem.)

cuir [a' cur] fios air ku^th [a kur] fiss äth benachrichtigen

cuir [a' cur] gu ku^th [a kur] gu schicken, senden

cuireadh (m) kurag Einladung

cuirm-ciùil (m) kurrem-kiuul Konzert

cùm [a'cumail] kum [a kumal] halten

cumanta kumanta normal

cunnartach [cunnartaich] kunnarschtach [kunnarschtich] gefährlich

cùnnt [a'cunntadh] kuunt [a kunntagh] rechnen

cùnntas (m) kunntas Rechnung

cus kuss zuviel

D

dad dat nichts

danns [a' dannsadh] (còmhla ri + *Person*) dauns [a daunssagh] (koola ri) tanzen (mit)

daoine (m Mz) düonje Leute

daonnan düonan immer

daor [daoire] düor [düo^the] teuer

dath (m) da Farbe

dathte dachtsche bunt

de dschä von

dè? dschee was?

dealbh (m) dschällaw Bild

dealbh-dùthcha (m) dschällaw-duucha Landkarte

dèan [a' dèanamh] dscheean [a dscheeanaw] tun, machen

dèan [a dèanamh] suidhe dscheean [a dscheeanaw] sui'e sich setzen

deas dschäss rechts

deas (m) dschäss Süden

dèideagan (m) dscheedschakan Spielzeug

deiseil dscheschel fertig

deise-snàmh (w) dscheesche-snaaw Badeanzug

deoch (w) dschoch Getränk

Dia (m) Dschia Gott

dìnnear [dìnnearach] (w) dschiinear [dschiinearach] Mittagessen

dìochuimhnich [a' dìochuimhneachadh] dschiiochuinich [a dschiiochuineachagh] vergessen

dìreach dschii^thach geradeaus

do° do dein/e

do° do nach (Richtung)

do° do zu (+ *Eigenschaftswort*)

doinnean (w) donnean Gewitter

doirbh [doirbhe] do^thew [do^thewe] kompliziert, schwierig

domhainn [doimhne] dooin [doine] tief

dona [miosa] donna [missa] schlecht

doras (m) dorras Tür

Wörterliste Gälisch – Deutsch

dorch dorroch dunkel
dotair (m) dochte[th] Arzt
draibh [a' draibheadh]
  draiw [a draiwagh]
  fahren
draibhear (m) draiwer
  Chauffeur
dreuchd (m) driachk
  Beruf
drochaid (w) drochitsch
  Brücke
dual-chainnt (w)
  dual-chaintsch Dialekt
duilleag (w) duljak Blatt
  (Papier/Baum)
duine (m) dünje Mensch;
  Mann; Ehemann
dùisg [a' dùsgadh]
  duuschk [a duusgagh]
  wecken; aufwachen
dùn (m) duun Burg
dùthaich [dùthcha] (w)
  duu'ich [duu'cha] Land
dùthaich chèin (w) duuich
  cheen Ausland

E

eachdraidh (w) eachdri
  Geschichte (Historie)
eadar ätter zwischen
eadar-nàiseanta
  ätter-naaschenta
  international

eadar-theangaich [ag
  eadar-theangachadh]
  ätter-hängich [ak ätter-
  hängachagh]
  übersetzen (Sprache)
eagal (m) ekal Angst
eaglais (w) äklisch
  Kirche
ealan (w) ealan Kunst
Ear (m) Äar Osten
earrach (m) ärrach
  Frühling
èibhinn [èibhinne] eewin
  [eewinje] lustig
Eilbhiseach (m)
  Ällewischach
  Schweizer(in)
eilean (m) ällan Insel
èirich [ag èirigh] ee[th]ich
  [ak ee[th]i] aufstehen
eisimpleir (w) äschimpläth
  Beispiel
eugh [ag eughadh]
  eew [ak eewagh]
  rufen, schreien
eun (m) een Vogel
euslainteach (m)
  iaslaantschach Patient

F

facal (m) fachkal Wort
faclair (m) fachkle[th]
  Wörterbuch
factoraidh (w) fachktori
  Fabrik

fad às fat ass fern
fada [fhaide] fata
  [adsche] lang (Entfer-
  nung), lang(e) (Zeit)
fadalach [fhadalaiche]
  fatalach [ataliche]
  verspätet
fàg [a' fàgail] faak
  [a faakel] aussteigen
  (z. B. Bus)
faic [a' faicinn] fächk
  [a fächkin] sehen
faigh [a' faighinn] fai [a
  fai'in] finden; erhalten
faighnich
  [a' faighneachd] de
  (+ Person) fainich
  [a faineachk] dschä
  fragen, erfragen
  (von jem.)
fairich [a' faireachdainn]
  fa[th]ich [a fa[th]eachkin]
  sich fühlen
faisg [fhaisge] faschk
  [aschke] nah
falamh [falaimhe] falaw
  [falaiw] leer
falbh [a' falbh] fallaw
  [a fallaw] abreisen,
  abfahren
fallainn [fallainn] fallain
  [fallain] gesund
fan [a' fantainn] fann
  [a fanntin] warten
faod füot dürfen

Wörterliste Gälisch – Deutsch

fàs [a' fàs] faas [a faas] werden
fasan (m) fassan Mode
feadhainn fjooin einige
fear / bean an taighe (m) fär / bän an tähe Gastgeber/-in
feasgar (m) fäsker Nachmittag, Abend
fèis (w) feesch Fest
feòil [feòla] (w) feool [feoola] Fleisch
feuch [a' feuchainn] fiach [a fiachin] kosten (probieren)
feuch [a' feuchainn] ri fiach [a fiachin] ri versuchen
feumaidh feemi müssen
feur [feoir] (m) fiar [feoo^th] Gras
fhad 's a at ssa während
fhathast ha'ast noch
fhèin heein selbst
fiabhras (m) fiawras Fieber
fiaclair fiachkle^th Zahnarzt
fiolm (m) fillem Film
fìor fiir wahr
fiosrachadh (m) fissrachagh Auskunft, Information
fliuch [fliche] fliuch [fliche] feucht, nass
flùr (m) fluur Blume

fo° fo unter
foghar (m) fo'er Herbst
fois fosch Pause
fòn (m) foon Telefon
fòn [a' fònadh] foon [a foonagh] telefonieren
forc (w) forrek Gabel
fortan (m) foorschtan Glück
fosgail [a' fosgladh] foskal [a fosglagh] öffnen
fo-sgrìobh [a' fo-sgrìobhadh] fo-skriiw [a fo-skriiwagh] unterschreiben
freagair [a' freagairt] fräkar [a fräkarscht] antworten
freagairt (w) fräkarscht Antwort
fuar [fhuaire] fuar [ua^the] kühl, kalt
fuaradair (m) fuarade^th, Kühlschrank
fuirich [a' fuireach] fu^thich [a fu^thach] bleiben, wohnen
furasda [fhasa] furasta [assa] einfach

G

gabh [a' gabhail] gaw [a ga'al] nehmen
gabh [a' gabhail] bracaist gaw [a ga'al] brachkischt frühstücken
gabh [a' gabhail] fois gaw [a ga'al] fosch sich erholen
gabh mo leisgeul! gaaw mo leschkel entschuldige!
gach aon gach üon jeder
gach turas gach turras jedesmal
gainmheach (w) gänewach Sand
gallda gaullta fremd
gaoth [gaoithe] (w) güo [na güoi'e] Wind
garaid (w) garitsch Autowerkstatt
gàrradh (m) gaarragh Garten
gas (m) gas Gas
geamhradh (m) geauregh Winter
gearan [a' gearan] gärran sich beschweren
Gearmailteach (m) Gerremaltschach deutsch; Deutsche(r)
geur [gèire] giar [gee^the] sauer, scharf

Wörterliste Gälisch – Deutsch

giùlain [a' giùlan] guulan [a guulan] tragen
glaine (w) glanje Glas (Trink-)
glan [glaine] glan [glanje] sauber
glan [a' glanadh] glan [a glanagh] sauber machen
glaodh [a' glaodh] glüogh [a glüogh] weinen
glasraich (w) glassrich Gemüse
gleann [glinne] (m) gleaun [glinnje] Tal
glic [glice] glichk [glichke] klug
gloine (w) gloinje Glas (Material)
gnothach (m) gro'ach Geschäft (Tätigkeit)
goirid [giorra] go[th]itsch [girra] kurz
gòrach [gòraiche] goorach [gooriche] dumm
gràmar (m) graamar Grammatik
grian [grèine] (w) grian [greene] Sonne
grod grot faul (Obst)
gu gu nach (Richtung)
gu / gum / gun (+ abhängige Verbform) gu / gum / gun dass
gu bhith gu wi etwa
gu bràth gu braach niemals (in der Zukunft)
gu h-obann gu hopan plötzlich
gu leòr gu leoor genug
gun dàil gun daal sofort
gun° gun ohne
gus guss bis, damit, um
guth (m) gu Stimme

I

iarr [ag iarraidh] iarr [ak iarri] wollen
iasg [èisg] (m) iask [eeschk] Fisch
inneal telebhisein (m) inneal telewischen Fernsehgerät
innis [ag innse] breug i'isch [ak iinsche] briak lügen
innis [ag innse] do° (+ Person) i'isch [ak iinsche] do erzählen
inntinneach [inntinnich] iintschiinach [iintschiinich] interessant
iomlaid [ag iomlaid] iumlitsch [ak iumlitsch] umtauschen
ionad (m) inat Platz
ionnsaich [ag ionnsachadh] iunsich [ak iunsachagh] lernen
is is und (Kurzform von agus)
is is sein (Verb)
itealaich [ag itealaich] itschalich [ak itschalich] fliegen
itealan (m) ichtschalan Flugzeug
ith [ag ithe] ich [ak iche] essen
iuchair [iuchrach] (w) iuchar [iuchrach] Schlüssel

L

labhairt [a' labhairt] lawarscht [a lawarscht] reden
lagh (m) lagh Gesetz
làidir [treasa] laadschi[th] [trässa] stark
laigh [a' laighe] lai [a laie] legen; liegen
làitheal laaiel täglich
làmh [làimhe] (w) laamw [laaiwe] Hand
lampa (m/w) lampa Lampe
làn [làine] laan [laan] satt
làn laan voll

ceud ceithir fichead 's a còig | 185

Wörterliste Gälisch – Deutsch

làrach-campaidh (w) laarach-kampi Zeltplatz
lasaran (m) lassaren Streichhölzer
latha (m) la'a Tag
le ... *(+ Person)* **fhèin** lä ... heein allein
le lä mit
leabaidh [leapa] (w) läpi [läpa] Bett
leabhar (m) ljo'or Buch
leann (m) leaun Bier
leathann lähan breit
leibh läiw danke
leigheas-chungaidhean (m) lei'as-chungi'en Medikament
leisg [leisge] läschk [läschke] faul (träge)
leth (m) lä Hälfte
leugh [a' leughadh] lee [a leewagh] lesen
litir [litreach] (w) lichtschi[th] [litrach] Brief
loch [locha] (m) loch [locha] See
loisg [a' losgadh] loschk [a loskagh] brennen; schießen
lom loum nackt
long [luinge] (w) long [luinge] Schiff
lorg [a' lorg] lorrek [a lorrek] suchen, finden
luath [luaithe] lua [luaie] schnell
lùchairt (w) luucharscht Palast, Schloss (Gebäude)
lus (m) luss Pflanze

M

ma ma wenn (falls)
mac (m) machk Sohn
madainn [maidne] (w) mattin [matnje] Morgen, Vormittag
mair [a' maireann] ma[th] [a ma[th]enn] dauern
màla (m) maala Tasche
màlaid (w) maalidsch Koffer
malairt (w) malarscht Handel
mapa (m) machpe Landkarte
mar sin mar schinn darum, deshalb
marbh marraw tot
marbh [a' marbhadh] marraw [a marrawagh] töten
margadh (m) maragagh Markt
math [fèarr] ma [faar] gut [besser]
màthair (w) maahe[th] Mutter

meadhan a' bhaile (m) mi'an a walle Zentrum (Stadt)
meadhan-latha (m) mi'an-la'a Mittag
mearachd (w) märrachk Fehler
meas (m) mäss Frucht
measan (m) mässan Obst
mèirle (w) meerle Diebstahl
meud [meòir] (m) meet Größe (Kleidung u. ä.)
meur [meòir] (w) meer [meoor] Finger
milis [milse] (m) millisch [milsche] süß
mìnich [a' mìneachadh] minich [a mineachagh] erklären
mionaid (w) minnatsch Minute
mionaideach [mionaidich] minnatschach [minnatschich] genau
mìos [mìosa] (w) miioss [miiossa] Monat
mo° mo mein/e
modhail [modhaile] moghel [moghel] höflich
mol [a' moladh] moll [a mollagh] empfehlen
mòr [motha] moor [mo'a] groß
motar (m) motar Motor

Wörterliste Gälisch – Deutsch

muinntir (w) munntschi[th] Leute
muir [mara] (w) muu[th] [marra] Meer
mullach (m) mullach Dach
mus muss bevor
mu thràth mu raa schon

N

na na als (Vergleich)
nàdar (m) naater Natur
nàdarrach [nàdarraiche] naaterrach [naaterriche] natürlich (nicht künstl.)
naidheachd (w) nai'achk Nachricht
'na shuidhe na hui'e sitzen
neach neach Person
neach-naidheachd (m) neach-naiachk Journalist
neo no oder
neo-chiontach no-chiuntach unschuldig
nigh [a' nighe] ni'e [a ni'e] waschen
nigh [a' nighe] (+ *Person*) **fhèin** ni'e [a ni'e] heein sich waschen
nighean (w) ni'en Mädchen; Tochter
no no oder

nuair a nua[th] a als (zeitl.), wenn

O

obraich [ag obair] oprich [ak oper] arbeiten
obraiche (m) opriche Arbeiter(in)
òg [òige] oog [ooige] jung
oidhche (w) oiche Nacht
oifis (w) offisch Büro
oifis a' phuist (w) offisch a fuscht Post(amt)
oileanach (m) ollanach Student
oilthigh (m) ollhai Universität
oir oo[th] weil
òl [ag òl] ool [ak ool] trinken
ola (m) ola Öl
òr [òir] (m) oor [oo[th]] Gold
òran (m) ooran Lied
òrdugh (m) oordu Bestellung
ospadal (m) ospatal Krankenhaus
Ostaireach (m) Oste[th]ach Österreicher(in)

P

pacaid (w) pachkidsch Päckchen, Paket
pàigh [a' pàigheadh] päi [a pä'agh] zahlen, bezahlen
pàipear (m) paaichper Papier
pàipear [-an] (m) paaichper [-an] Dokument(e)
pàipear-naidheachd (m) paaichper-naiachk Zeitung
pàipear-tòin (m) paaichper-ton Toilettenpapier
pàirc (w) park Park
pàrantan paarantan Eltern
pathadh (m) pa'agh Durst
peansail (m) penssil Bleistift
peant [a' peantadh] pänt [a päntagh] malen
peatrol (m) pätrol Benzin
pian (m) pian Schmerz
pile (m) pille Tablette
pìos (m) piis Stück
piuthar (w) piuher Schwester
plana (m) plana Plan

ceud ceithir fichead 's a seachd | **187**

Wörterliste Gälisch – Deutsch

plàst [plàsta] (m) plaast [plaasta] Heftpflaster
plèana (m) pleena Flugzeug
poileas (m) polles Polizei
poileataigeachd (w) politigeachk Politik
poit (w) poichtsch Gefäß
pongail [pongaile] ponkal [ponkal] pünktlich
port (m) porscht Hafen
port-adhair (m) porscht-ahe[th] Flughafen
prìobhaideach priwadschach privat
prìosan (m) priissan Gefängnis
prìs (w) priisch Preis, Fahrpreis
prògram (m) prooogram Programm

R

rach [a' dol] (air bus) rach [a doll] (ä[th] bass) einsteigen (in den Bus)
rathad (m) ra'at Straße
rathad-iarrainn (m) ra'at-iaran Eisenbahn (Zug)
reachd (m) reachk Recht
reic [a' reic] reechk [a reechk] verkaufen
rèidio (m) reedio Radio
reòiteag (w) rootschak Eis (Speise-)
ri ri zu (+ Eigenschaftswort)
ri chèile ri cheele einander
ri taobh (+ 2. Fall) ri tüow neben
riamh riaw niemals (in der Vergangenheit)
ro° ro vor
roimhe reue vorher
ròpa (m) roochpa Seil
rosgrann (m) roskran Satz (Grammatik)
rothair (m) rohe[th] Fahrrad
rud (m) rut Ding, Sache
rud beag rut bäk ein bisschen
rud-eigin rut-egin etwas
ruig [a' ruigsinn] ruk [a rukschin] ankommen
ruith [a' ruith] rui [a rui] laufen, rennen
rùm (m) ruum Raum
rùm-ionnlaid (m) ruum-iunlätsch Badezimmer
rùm-cadail (m) ruum-katal Schlafzimmer

S

's s und
's dòcha sdoocha vielleicht
's urrainn do° (+ Person) ssurrinn do können
sàbhail [a' sàbhaladh] ssaawal [a ssaawalagh] sparen
sàbhailte ssaawiltsche sicher
salach [salaiche] ssalach [ssaliche] schmutzig
salann (m) ssallan Salz
samhradh (m) ssauregh Sommer
saor [saoire] ssüor [ssüo-[th]e] billig
saor [saoire] ssüor [ssüo-[th]e] frei
saor-làithean (m Mz) ssüor-lai'en Ferien
saor-làithean (m Mz) ssüor-lai'en Urlaub
Sasannach Ssassanach englisch; Engländer(in)
seachdain [seachdaine] (w) scheachkin [sseachkinje] Woche
seall [a'sealltainn] schaull [a schaultin] zeigen
sean [sine] schenn [schine] alt (nicht neu)
seanair (m) schänne[th] Großvater
seanmhair (w) schännewe[th] Großmutter

Wörterliste Gälisch – Deutsch

seann-fhàsanta schaunassanta rückständig
seas [a' seasamh] schäss [a schässamw] stehen
seic (w) schechk Scheck
seinn [a' seinn] schäinn [a schäinn] singen
seòladh (m) schoolagh Adresse
seòmar (m) schoomer Zimmer
sgeul [sgeòil] (w) skial [skeool] Geschichte (Erzählung)
sgian [sgèine] (m) skian [skene] Messer
sgìre (w) skii[th]e Gegend
sgìth [sgìthe] skii [skii'e] müde
sgoil (w) skol Schule
sgoilear (m) skoller Schüler(in)
sgoinneil [sgoinneil] skonneil [skonneil] ausgezeichnet
sgrìobh [a' sgrìobhadh] skriiw [a skriiwagh] schreiben
sgudal (m) skudal Müll
sguir [a' sguir] sku[th] [a sku[th]] aufhören
shìos hiioss unten
shuas huass oben
siabann (m) schiapan Seife

sibh schiiw Sie (höfl. Anrede)
sìde [sìde] (w) schiidsche [schiidsche] Wetter
sin schin dies
sìoda (m) ssiida Seide
sìon schian nichts
siosar (m) schisser Schere
sìth (w) schii Frieden
siubhail [a' siubhal] schual [a schual] reisen
slàinte (w) slaantsche Gesundheit
slàn slaan ganz (nicht kaputt)
slaodach [slaodaiche] slüotach [slüotiche] langsam
slighe (w) schli'e Weg
slighe a-mach (w) schli'e a-mach Ausgang
slighe a-steach schli'e a-schtscheach Eingang
sloinneadh (m) slonjagh Familienname
sluagh (m) sluagh Volk
smaoinich [a' smaoineachadh] smüonich [a smüoneachagh] denken
smoc [a' smocadh] smok [a smochkegh] rauchen

snàmh [a' snàmh] snaaw [a snaaw] baden, schwimmen
snathad (w) sna'at Spritze
snathad (w) sna'at Nadel
soirbheachas (m) ssorrewachas Erfolg
solas (m) ssollass Licht
sona [sona] ssona [ssona] fröhlich, zufrieden
spàin (w) spaan Löffel
speuclairean (m Mz) spiachkla[than] Brille
spìosradh (m) spiisrach Gewürz
spòrs (m) spoors Sport
stad [a' stad] stat [a stat] anhalten
staidhre [staidhreach] (w) stai[the] [stairoch] Treppe
stampa (m) stampa Briefmarke
stèisean (m) steeschen Bahnhof
stèisean-peatroil (m) steeschen-pätrol Tankstelle
suim (w) ssuim Summe
sùipear (m) suichper Abendessen

T

tachartas (m) tachartas Ereignis

ceud ceithir fichead 's a naoi **189**

Wörterliste Gälisch – Deutsch

tacsaidh (m) tachksi Taxi
tadhail [a' tadhal] air tahel [a tahel] äth besichtigen
taigh (m) tai Haus
taigh-beag (m) tai-bäk Toilette
taigh-dhealbh (m) tai-jällaw Kino
taigh-chluich (m) tai-chluich Theater
taigh-òsda (m) tai-oosta Gaststätte, Hotel
taigh-seinnse (m) tai-schäinnsche Kneipe
taigh-tasgaidh (m) tai-taski Museum
tàirneanaich is dealanaich (m) taarneanich is dschälanich Gewitter
taisbeanadh (m) taschbänagh Ausstellung
talamh [talmhainn] (w) talaw [talawin] Erde
tàmh (m) taaw Ruhe
tana tanna dünn
taobh (m) töw Seite (Richtung)
tapadh leat tachpa lät danke
teagaisg [a' teagasg] tschäkischg [a tschäkasg] unterrichten (lehren)

teaghlach (m) tschealach Familie
teanta (m) tänta Zelt
teine (w) tschänne Brand, Feuer
teth [teotha] tschä [tscho'a] heiß
tha am pathadh air (+ Person) ha am pa'agh äth Durst haben
tha an cnatan air (+ Person) ha an krachtan äth erkältet sein
tha eagal air (+ Person) ha äkal äth sich fürchten (vor)
tha fios aig (+ Person) ha fiss äk wissen
tha mi an dòchas gu (+ abhängige Verbform) ha mi an doochass gu hoffen
tha ùidh aig ... (Person**) air ... (**Sache**)** ha uui äk ... äth ... sich interessieren (für) („ist Interesse bei *Person* auf *Sache*")
thig [a' tighinn] hik [a tschi'in] kommen
thig [a' tighinn] a-steach hik [a tschihin] a-schtscheach eintreten

thoir pòg do° hooth pook do küssen
thoir [a' toirt] le hooth [a torscht] lä bringen (mitbringen)
thoir [a' toirt] cead do° hooth [a torscht] kät do erlauben
thoir [a' toirt] do° hooth [a torscht] do geben
thoir [a' toirt] gu hooth [a torscht] gu bringen nach, wegbringen
thoir [a' toirt] seachad cuireadh hooth [a torscht] sseachat kuragh einladen
thoir [a' toirt] taing do° (+ Person) hooth [a torscht] taing do danken
ticead (m) tichket Fahrkarte
ticead plèana (m) tichket pleena Flugticket
tidsear (m) tidscher Lehrer(in)
tinn [tinne] tschiin [tschinje] krank
tinneas (m) tschinneas Krankheit
tiodhlag (w) tschiolagh Geschenk
tìoraidh tschiiori tschüss
tioram [tiorma] tschiram [tschirrema] trocken

Wörterliste Gälisch – Deutsch

tiugh tschiu dick
tog [a' togail] tok [a tokal] bauen, heben
tog [a' togail dealbh] tok [a tokal dschällaw] fotografieren
togalach (m) tokalach Gebäude
toilichte [toilichte] tollichtsche [tollichtsche] glücklich
toirmisgte tothemischktsche verboten
tòisich [a' tòiseachadh] tooschich [a tooschachagh] anfangen
toll (m) taull Loch
tombaca (m) tombachka Tabak
tòrr (+ 2. Fall) toor viel
tradaisean (m) tradischen Tradition
tràigh [traghad] (w) traai [tra'at] Strand
trang [trainge] trang [trainge] fleißig

tràth [tràithe] traa [traaie] früh
trèana (m) trään Eisenbahn, Zug
tric [trice] trichk [trichke] oft
trioblaid (w) triblidsch Problem
tro° troo durch (hindurch)
trod [a' trod] trot [a trot] streiten
trom [truime] troum [truime] schwer (nicht leicht)
tuath (m) tua Norden
tuathanach (m) tua'anach Bauer
tubaist (w) tupischt Unfall
tubhailt (w) tuwaltsch Handtuch
tuig [a' tuigsinn] tuk [a tugschinn] verstehen
tuilleadh tuiljagh mehr
tuit [a' tuiteam] ann an gaol tuichtsch [a tuichtschem] aun an güol sich verlieben

tùr (m) tuur Turm
turas (m) turass Reise
turasdal (m) turastal Lohn, Gehalt

U

uair a thìde (w) uath a hiidsche Stunde
uaireadair (m) uathadeth Uhr
uaireannan uuthanan manchmal
ugh (m) [Mz: **uighean**] u [ui'en] Ei
uinneag (w) unnjak Fenster
uisge (m) üschke Wasser, Regen
uisge-beatha (m) üschke-bäha Whisky
uncail (m) unkal Onkel
ùr [ùire] uur [uu^{the}e] neu; frisch (Obst)
urlar (m) urlar Etage

Der Autor

Michael Klevenhaus, geboren 1961, lebt im Siebengebirge bei Bonn. Nach einigen Semestern des Studiums der Keltologie in Bonn begann Michael Klevenhaus 1996 Schottisch-Gälisch am College Sabhal Mòr Ostaig auf Skye zu lernen. Im Dezember 2002 eröffnete er die einzige professionelle Sprachschule für Schottisch-Gälisch in Deutschland, das *Deutsche Zentrum für Gälische Sprache und Kultur* in Bonn. Hier bietet Klevenhaus Schottisch-Gälisch-Kurse, sowie Musik- und Liederworkshops, auch mit Gastdozenten aus Schottland an. 2008 schloss Klevenhaus als erster Deutscher ein Masterstudium auf Gälisch an Sabhal Mòr Ostaig erfolgreich ab. Dort unterrichtet Klevenhaus inzwischen auch selbst. Seit 2001 arbeitet er regelmäßig als Deutschland-Radiokorrespondent für das gälischsprachige Radio BBC-Radio nan Gàidheal. Seit 2003 organisiert er alle zwei Jahre FILMALBA, das erste gälische Filmfestival in Deutschland. Zusammen mit Thomas Zöller (Dudelsack) und Gastmusikern tritt er mit dem Musikensemble Às a' Phìob für traditionelle Musik auf und präsentiert auch Soloabende mit und über gälische Folklore.

Er ist Autor des Lehrbuches der schottisch-gälischen Sprache, gälischer Kurzgeschichten und Mitherausgeber des ersten Buches mit Kurzgeschichten auf Gälisch und Deutsch *„Der Schädel von Damien Hirst"*.